IL A ÉTÉ TIRÉ DE CET OUVRAGE :
55 EXEMPLAIRES NUMÉROTÉS
A LA MAIN DE 1 A 55 SUR
HOLLANDE VAN GELDER ZONEN.

ANDRÉ LEVINSON

La Danse au Théâtre

ESTHÉTIQUE ET ACTUALITÉ MÊLÉES

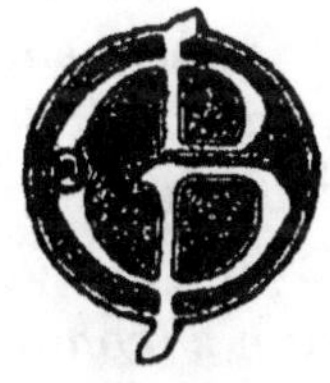

PARIS
LIBRAIRIE BLOUD & GAY
3, rue Garancière
1924
Tous droits réservés

PRÉFACE DE L'AUTEUR

« *Un livre comme je ne les aime
pas, ceux épars et privés d'architecture... L'excuse, à travers tout ce
hasard, que l'assemblage s'aida, seul,
par une vertu commune* »...

STÉPHANE MALLARMÉ.

*J'ai réuni dans ce volume, qui a pour objet
la danse, les chroniques et comptes rendus de
spectacles publiés par moi depuis une année et
parus pour la majeure partie, sauf indication
contraire, dans le quotidien Comœdia. Ces
pages ne constituent donc point un livre
conçu et construit selon un plan préétabli ; c'est
plutôt une espèce de journal de danse dont j'ai
conservé la disposition chronologique et la libre
ordonnance. Je n'ai voulu maquiller et déna-
turer par aucune retouche factice ou mise au
point laborieuse ces « éphémérides chorégraphiques », jaillies du contact immédiat avec les réalités vivantes du théâtre. Ce recueil traite, d'ailleurs, classe ou mentionne la plupart des faits,
des idées et des personnalités représentatives de*

la danse théâtrale contemporaine. Amis et ennemis ont bien voulu attribuer à ce modeste labeur de chroniqueur la portée et l'action effective d'une campagne.

On a cru d'autre part que mon attitude, pour être nette, devait impliquer une doctrine rigide ou bien un parti-pris agressif. Cette préface ne comportera pourtant aucune profession de foi. Le lecteur saura, je l'espère, dégager lui-même de ces pages l'enseignement ou bien l'agrément désintéressé qu'il y cherchera.

Et il se rendra compte que cette campagne que je continue n'a pour méthode que la recherche de la vérité et pour objet idéal une renaissance de la danse.

Le plan de documentation photographique, généreusement accepté par mes éditeurs pour illustrer cette Première année de critique, comporte quelques portraits d'une élite à laquelle je me suis efforcé de rendre justice dans mon texte.

ANDRÉ LEVINSON.

10 mai 1922.

LA DANSE AU THÉÂTRE

10 AVRIL 1922

COMME QUOI LA DANSE EST UN ART
— CE QUI S'EN SUIT —
UN CENTENAIRE FRANÇAIS CÉLÉBRÉ EN RUSSIE

La danse est-elle ou non un art? Aucun doute sur la réponse affirmative. Nous voyons bien Canudo, tout en revendiquant le classement pour le cinéma, concéder, comme de droit, la priorité à la danse. D'ailleurs le mangeur d'opium anglais qui naguère éblouit Baudelaire, n'avait-il pas exalté « l'assassinat considéré comme un des beaux-arts » et, en conséquence, exposé de sang-froid sa théorie. Or, s'il en est ainsi, la danse serait-elle moins favorisée que ce genre violent mais borné?

Cependant, si art il y a, cet art doit comporter une esthétique qui lui soit propre, un ensemble de procédés essentiels, une matière première, une technique, voire mainte technique. « La danse est un art, car elle obéit à des

règles », a judicieusement dit Voltaire, quoique
je ne sache plus exactement où j'ai relevé ce tron-
çon de syllogisme. Nous sommes moins impé
rieusement affirmatifs aujourd'hui. Ce qui n'empêche que, sans nous montrer « perruque »,
nous devons attester que la danse possède tels
caractères spécifiques, ses lois immanentes,
des limites déterminées. Et voilà qu'à propos
de danse on parle couramment décor, costume,
littérature, psychologie ou encore charme féminin — ce qui est, du reste, beaucoup moins
étranger à la question, — mais surtout on parle
musique. Aussi que de jugements faussés où
la force de la suggestion musicale prime le droit
— cependant bien évident — de la gymnastique théâtrale! Il faudrait, il me semble, distinguer.

On commence, paraît-il, à se douter qu'en
peinture tout tableau est avant tout une surface
plane et symétrique, circonscrite et isolée par
un cadre. Ce que font de cette surface Léonard
de Vinci ou bien M. Picabia, c'est là, ce qui
caractérise et différencie l'œuvre personnelle de
chacun de ces peintres, leurs conceptions pic-
turales, leurs styles respectifs et leurs moyens
d'exécution.

De même une danse est-elle, par définition,
le mouvement d'un corps, — ballerine ou poupée articulée — se déplaçant selon un rythme
précis et une mécanique consciente dans un
espace calculé d'avance. Dans la danse théâtrale

c'est le corps humain qui devient matière à création plastique, il s'astreint dès lors à une discipline artificielle — celle du ballet d'opéra ou bien celle de rites égyptiens, qu'importe ! Le principe d'art modifie, déforme ou transfigure cette matière. Le danseur comme la statue est un être hors nature, créé, donc conventionnel. Il est l'ouvrier; il est aussi l'œuvre.

Est-ce à dire que je me place à un point de vue purement formaliste, que je prétends traiter cette chose délicieusement éphémère et nuancée qu'est la danse, dans un esprit géométrique étriqué et pédantesque ? Aucunement. Qui songerait à contester la puissance expressive de la danse, sa plénitude humaine, la « morale » de ses lignes et le symbolisme de ses mouvements ? Elle peut être un jeu divin, floraison spontanée d'un corps harmonieux, l'émanation d'une sensibilité ou bien d'une sensualité. Elle peut être l'expression totale d'un état d'âme, l'instance suprême de la passion. Je me rappelle avoir vu Mme Suzanne Després jouer une pièce où, quand tout est *dit*, la protagoniste n'a plus qu'à *danser* et à mourir ayant dansé. En somme, « la danse est une manière d'être ». C'est Balzac qui l'a dit, et avec quelle profondeur ! Cela une fois posé, il importe d'étudier cette manière, d'en décrire les formes variées, de ne pas s'arrêter à ses mobiles, mais de saisir ses mouvements.

Une comparaison s'impose. L'alexandrin ternaire de Victor Hugo exprime sans doute la mentalité romantique : c'est entendu, il n'en reste pas moins une variante de la prosodie. Il y a rapport, il y a parallélisme combien frappant entre la passion fougueuse de Ruy-Blas et tel enjambement imprévu. Qui le nierait? Mais il n'y a pas d'identité. Il ne s'agit pas uniquement de mœurs et d'idées ; il y a là une étape significative dans l'évolution du vers français traditionnel, un phénomène rythmique.

Quoi qu'elle puisse exprimer, imiter, suggérer, la danse, comme le vers, comme l'architecture, comme la musique, est toujours un langage de formes. Elle doit être traitée en conséquence. Quand nous étudions une langue, nous allons de la morphologie qui est l'analyse des formes à la sémantique qui est la science des significations. Faisons de même pour la danse. Connaissons sa forme, comme nous voulons connaître la facture d'un tableau, la mesure d'un vers, — pour pénétrer jusqu'au sens.

Sur cela, il serait une balourdise de m'aliéner le lecteur, dit bénévole, en émettant une doctrine sur la danse ; cette doctrine se dégagera d'elle-même au cours de ces désinvoltes chroniques. Mais je n'hésite point à avouer certaines préférences. Ainsi rien de plus bafoué, de plus suspect au public, de plus méconnu par ses protagonistes mêmes que la *danse classique*, cette prétendue vieille rengaine. Cependant j'opine et avec une conviction défiant le *ridicule* que voilà une des plus prodigieuses découvertes de l'art théâtral et dont la portée esthétique est encore insoupçonnée. Ce qui n'exclut aucune trouvaille personnelle, aucune méthode qui saurait prévaloir.

En définitive, nous sommes d'accord sur l'essentiel : la danse est un art ; elle a droit d'être jugée comme tel au lieu d'être escamotée. Mais la danse théâtrale est encore et surtout un art français. Ce sont les Russes qui sont venus un jour le prouver.

*
* *

J'apprends par une feuille rarissime, qui vient de Pétrograd, que les artistes des ci-devant Théâtres Impériaux, camouflés en Théâtres Académiques, mais fidèles à leur passé, ont célébré avec éclat le centenaire de celui qui avait établi le ballet russe dans sa gloire. Or, ce grand homme russe si justement vénéré est un Français. Marius Petitpa, danseur marseillais, chef d'une dynastie non moins glorieuse que celle des Vestris et des Taglioni et que quatre générations successives représentèrent sur la scène de la capitale russe, Marius Petitpa resta à la tête du ballet plus d'un demi-siècle sous quatre empereurs et huit directeurs ; il créa 57 ballets, en reconstitua 17 ; il imagina les danses de 32 opéras ; lui qui avait, dans le ballet de Perrot « l'aérien » mimé Phébus en donnant réplique à Fanny Ellsler-Esméralda, devait un jour distribuer à Mlle Anna Pavlova son premier rôle de ballerine. Je ne pourrais ici analyser l'œuvre énorme du maître, œuvre qui jusqu'à nos jours constitue le fonds impérissable de l'art chorégraphique russe. Il affirma le système du grand ballet d'action à base de danse classique ; il exploita et amplifia magistralement la tradition renouvelée par la grande fièvre romantique de 1830, il appuya l'effort séculaire de l'école, il fut l'éducateur d'une lignée sans pareille. Son nom est à jamais lié à l'époque héroïque du ballet russe, époque marquée par l'avènement de la musique nationale à la scène chorégraphique, par la suprématie de la danseuse russe triomphante de la virtuosité italienne, époque qui prépara l'hégémonie mondiale de ce ballet.

Petitpa a été français, comme française avait été la tradition qu'il personnifia. Mais pour que cette floraison magnifique d'un art qui lamentablement s'étiolait sur son sol natal, l'Opéra de Paris, se réalisât, il avait fallu qu'il fût enrichi, rajeuni par le généreux sang slave, par la flamme extatique et intelligence souple des danseurs russes, par des conceptions vastes comme la plaine sarmate.

La Russie adopta Petitpa. Aussi sa dette est-elle immense envers le génie français. Mais elle a su s'acquitter. Le triomphe des « Saisons Russes » à Paris n'est pas une invasion. C'est une restitution. Et il sied de l'avouer — les russes ont su augmenter le pécule.

C'est à quoi je songe en évoquant pieusement la mémoire d'un grand Français ignoré en France. Du reste la reprise de sa *Belle au bois dormant* à l'Opéra, par Diaghileff, sera pour sa mémoire le plus éclatant des hommages.

17 AVRIL

« EN BATEAU ». — LE PRÉJUGÉ DU RYTHME

L'Opéra vient d'offrir au public plusieurs
soirées composées intégralement de danses,
comme cela s'était fait de tout temps à Moscou
ou à Petrograd. D'ailleurs le renouveau du
spectacle de danse français se produit sous
l'influence évidente des ballets russes. Qu'il
les imite ou qu'il réagisse avec véhémence
contre leur enseignement, il ne les perd pas de
vue. Voilà plus de dix ans que M. Jacques
Rouché, outré par le marasme de la grande
scène subventionnée, osa, tel un torpilleur
affrontant un dreadnought, assaillir avec une
ardeur intrépide les Saisons Russes au comble
de leur triomphe. Il annonça dès lors une
« grande saison française », monta sur la scène
exiguë de son petit Théâtre des Arts des œuvres
de Lulli et de Rameau, fit appel à la plus pure
tradition française. Ce n'était là qu'une généreuse boutade, un geste démonstratif. Aujour-
d'hui, M. Rouché et son vaillant état-major
des premières heures s'appliquent à réaliser ce

qu'ils avaient suggéré. Des expériences sont tentées et le public s'y passionne. Les jours sont loin de la fuite éperdue des abonnés au second acte de *Coppelia*. La reprise de *Sylvia*, dans les décors de M. Dethomas, ou bien celle de *Daphnis* par Fokine, ce sont là les étapes d'une renaissance — qui du reste, est retardée par deux faits graves : l'absence d'une conception élaborée et stable de ce que doit être, à l'Opéra, le spectacle de danse ; l'absence d'un maître de ballet qui aurait l'autorité nécessaire pour faire aboutir une telle conception.

A défaut d'une volonté créatrice unique et convaincue, l'effort se disperse sur une périphérie trop vaste.

Je me fais un devoir et une joie d'examiner minutieusement toutes les œuvres qui constituent, à l'Opéra, le répertoire de danse ; aujourd'hui, c'est l'ouvrage inédit qui me préoccupe avant toute chose. Il s'agit de la *Petite Suite* de Debussy, orchestrée par M. Busser et réglée par Mlles Pasmanik et Howart.

Dans la première de ces quatre pièces, une impression poétique est réalisée par les moyens les plus sommaires. Sur un fond de draperies neutres, quatre danseuses sont disposées par terre. C'est une promenade en bateau. L'une d'elles, sur la proue, regarde en avant, fascinée ; deux autres, pensives, observent le sillage, les yeux baissés, tandis qu'au

milieu, une quatrième, Mlle Bourgat, se penche
d'un mouvement lent et incurvé avec ampleur
sur la rame invisible ; et le balancement de la
nacelle fait onduler le corps souple dans sa
tunique. Cette traversée imaginaire dure quelques instants ; sous la baguette du maître
Chevillard, la vision du paysage semble monter
de l'orchestre, fluide comme une toile de Corot.
Aucun accessoire ; il n'y a là que quatre jeunes
femmes en tuniques lamées, qui, assises sur
des planches nues, écoutent la musique vibrer
en elles. Tout est suggéré, rien n'est réalisé,
C'est l'imagination du spectateur qui *crée*,
stimulée par la magie de l'archet.

A la bonne heure. Pour ce bref passage,
j'applaudis l'*adversaire*. Mais, cela fait, « ajustez
vos chapeaux, Messieurs les maîtres, car nous
aurons l'honneur de charger l'ennemi », comme
l'on dit dans les romans de M. d'Esparbès.

*
* *

Le reste de la *Suite* n'est plus qu'un trottine-
ment de pieds nus tout autour de la musique ;
on respire un instant quand deux toutes petites
danseuses esquissent un pas de menuet ; la
grâce maniérée et précieuse de cette démarche
sur les doigts tendus, la courbe du cou-de-pied
saillant, tout ce mouvement délicatement arti-
culé, évoque le charme suranné des fêtes
galantes. Et c'est tout. Car le système Jacques

Phot. BERT

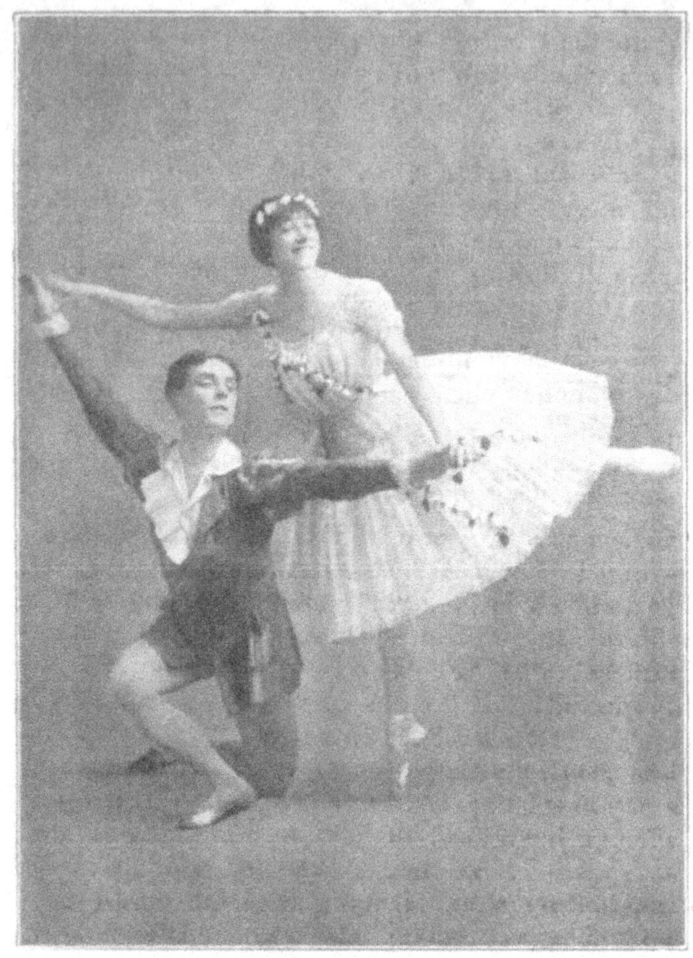

Mlle Carlotta ZAMBELLI et M. Albert AVELINE

Dalcroze, tout valable qu'il soit dans l'interprétation du rythme musical, est vide de signification plastique, ignore les ressources du mouvement organisé. Et ce n'est pas de Hellerau que viendra la renaissance du ballet parisien ! Cependant l'autocratie du rythme musical, du rythme Messie, usurpe les fonctions de la danse proprement dite. Le rythme doit vaquer à la distribution du mouvement dans le temps ; il prétend en dicter la configuration dans l'espace.

Abus intolérable ! La danse n'est pas faite pour interpréter inutilement, pour reproduire servilement la structure rythmique d'un morceau de musique. Autonome, elle se suffit à elle-même ; pour exprimer avec plus de plénitude son rythme propre, rythme corporel, elle demande sa collaboration à la musique. Mais en toute indépendance, elle détermine elle-même sa forme, élément primordial.

Ce qui en est de M. Jacques Dalcroze, apôtre du rythme, je ne me vois pas qualifié à évaluer son apport dans le domaine musical et pédagogique. Mais l'annexion à sa doctrine du domaine théâtral n'était pas prévue d'avance. J'ai vu des photos d'il y a vingt ans, où M. Dalcroze fait mimer aux gosses de la classe de solfège la scène de la visite du docteur. On avait confectionné pour le docteur un fort joli petit gibus. Que ne s'en est-il tenu là ? Depuis on a monté un mystère de Claudel. Aujourd'hui, on escalade la scène de l'Opéra.

Mais, oh ! la laideur des dos voûtés et des genoux en dedans que nous montrent les émules de l'évangile rythmique ! Qu'un joueur de rugby ou de tennis est mieux en forme, sans parler du danseur classique, traqué par la critique, dénoncé comme un poncif. Ah ! l'on se moque du jeté-battu ! Mais comparez donc le mouvement du danseur, dit moderne ou prétendu « antique » : genoux projetés verticalement, ruades variées, — s'il ne s'enhardit pas à sautiller, — à celui du danseur classique, à son amplitude, son aplomb, son élasticité prodigieuse, son articulation parfaite... Pour un œil qui sait voir, pour un œil contemporain, épris de « constructivité », de discipline, de beauté intellectuelle, il y a plus de beauté dans un simple développé à la seconde de Mlle Zambelli que dans maint bacchanal pseudo-grec escamoté à Fokine. Et en entreprenant décidément la « défense et l'illustration » de la danse classique je ne me crois pas faire le champion d'une cause perdue.

3 MAI

« ARTÉMIS TROUBLÉE »

Issu de la vision ou plutôt de l'arbitraire fantasque et intrépide d'un peintre puissant, le ballet d'*Artémis troublée* ressort à une conception fort complexe. Tantôt il côtoie le grand style baroque, tantôt il frise volontairement la parodie. C'est là un chapitre du *Virgile travesti* — et retravesti — une mythologie « grand siècle » où autour du danseur empenné et enjuponné d'après Bérain, dessinateur du Roy, des belles en paniers à la Camargo, or et bleu, font des pointes — un siècle ou plus « avant la lettre ». Donc, Bakst a imaginé un paradoxe chorégraphique qui joue avec des réminiscences historiques — et se joue d'elles. Et ce désinvolte imbroglio de styles atteint son point culminant à l'apparition — suprême paradoxe — de Mlle Ida Rubinstein, danseuse classique. Or, je ne saurais disputer mon admiration au dilettantisme, intelligent et hautain, de cette singulière artiste, Eve artificielle, qui eût laissé rêveur Villiers de l'Isle-Adam. Et voilà qu'aujourd'hui, elle pastiche la technique traditionnelle avec une aisance stupéfiante. Grande « plus que nature », élancée à faire paraître trapu un éphèbe pervers d'Aubrey Beardsley, portant le lourd tutu de satin broché comme un pagne léger — elle brave l'évidence et se surélève sur les pointes... Et voilà que telles de ses poses au repos, telles de ses arabesques dans le pas de deux, aux lignes allongées et effilées, à l'aplomb impeccable, apparaissent d'un contour captivant dans leur exagération même ; tels « ports de bras », encadrant sa petite tête de camée, sa face blême d'impératrice implacable, affectent la forme svelte d'une lyre. La première apparition d'Artémis, sortant de sa tente en sa blancheur poudrederizée, a le charme sculptural d'un Bernin. Mais son mouvement de danse en lui-même est saccadé, les linéaments déchiquetés, les raccourcis souvent sans beauté ; le dos, très long, se casse et ondule.

.. En somme, fascinante et inédite vision de féerie — mais quelque peu contaminée par les réalités irréductibles.

A ses côtés, Svoboda mime et danse avec une belle prestance décorative, un Actéon-bellâtre emperruqué, demi-dieu « talon rouge. »

C'est Jasmine qui, ordonne et entraîne le bataillon des nymphes chasseresses ; gracile figurine rococo qui semble dessinée par Boquet pour les Menus Plaisirs — mais agitée par un frisson nouveau, par une fièvre moderne. Et souvent elle brise, malgré tout, le cadre conventionnel de son rôle de confidente en de grands élans de jalousie farouche.

Le mime Séverin campe un Zeus à puissante carrure qui fait songer au bon tyran du « Capitaine Fracasse ». La composition chorégraphique, la configuration des ensembles, dues à M. Nicola Guerra, héritier d'un nom glorieux, sont d'un métier sûr ; le maître de ballet a délibérément renoncé à toute recherche de formes historiques à exploiter et à renouveler pour l'occasion ; il a préféré appliquer sans pédantisme et avec maintes trouvailles heureuses les procédés consacrés par l'école.

*
* *

Ainsi, l'ensemble optique du spectacle, qui fut remarquable, résulte de la collaboration du peintre, du maître de ballet, des qualités individuelles des exécutants, et de la vaillance à toute épreuve de cet excellent corps de ballet de dryades et d'amazones « Louis XIV » incarnées par Mlles Dauwe, G. Debry, de Craponne, J. Bourgat, Roselly, Léonce, Lorcia, Fersen, Rousseau, l'élite des sujets.

L'unique décor de Bakst, représentant un site forestier et farouche, est animé par les silhouettes expressives des arbres et amplifié par une grande richesse de plans échafaudés jusqu'à l'horizon très haut. De toutes parts, l'œil

est ramené vers le milieu de la scène où se
dresse, somptueuse, la tente bleue et jaune de
la déesse ; j'ai déjà indiqué le caractère des
costumes, tissus de rêve et d'histoire, échos
du temps passé plutôt qu'objets de vitrine,
somme toute, du vrai Bakst, harmonieux dans
la magnificence.

Quelques mots encore sur l'autre inédit de la
soirée : *Frivolant.* Que j'aime ce rafraîchissant
vocable qui sert de titre à un petit ballet où des
danseuses en tutu incarnent, avec une grâce
désuète et mièvre, mais qui ne se dément pas,
le jeu des forces élémentaires.

Il est vrai que l'ambiance picturale a été bien
fruste. Les danseuses se profilaient sur l'écran
d'une toile de fond vaguement colorée ; des draperies figuraient économiquement les coulisses ;
décor d'ombres chinoises ; les vaporeux tutus
de Raoul Dufy (qui semble tendre la main à
Eugène Lamy, costumier, il y a un siècle, de
la première Sylphide) peuvent prétendre à un
fond plus suggestif.

M. Léo Staats, qui ordonna ces danses, en
est en même temps le protagoniste. Il danse
le vent, traverse la scène par d'amples et pathétiques jetés qui font ployer les tiges flexibles
des filles-fleurs, et, triomphant, emporte à bras
tendus la Nuée. Mais pourquoi toujours la tête
dans les épaules, l'attitude crispée de l'intri-
gant de mélodrame ? Mlle Johnsson, très correcte,
bien d'aplomb, les attaches délicates — mais le

torse compact, tassé — incarne la Nuée, une Nuée qui ne quitte pas assez le sol. Cependant, les Nuées ont, depuis toujours, été des danseuses d'élévation : Taglioni, Pavlova. Mlle Daunt est la Source ; le mouvement imitatif par lequel elle laisse traîner, « couler » une jambe, est charmant ; je reviendrai longuement sur cette jeune artiste à propos de la *Tragédie de Salomé*. Je reviendrai également sur *Frivolant*, et cela d'autant plus volontiers que ce sera pour moi un plaisir que de le revoir.

LE RÉPERTOIRE : « LA TRAGÉDIE DE SALOMÉ »

Décidément, la *Tragédie de Salomé*, que je viens de voir et de revoir, joue de malheur. Car, malgré la partition du maître-musicien Florent Schmitt, l'œuvre n'est pas viable. Ce qu'avait, il y a bientôt dix ans, tenté pour elle Diaghilev, échoua complètement : la *Tragédie* ne connut même pas la gloire amère d'une éclatante défaite. Ce fut tout de suite le néant. Et si quelque chose en a survécu, c'est le souvenir d'une Karsavina, idole mitrée, qui, lentement, descendait du cintre sur l'avant-scène, laissant traîner sur les gradins les plis de son manteau et découvrant à chaque pas un genou délicat où Soudeikine avait, de sa main, peint une rose.

Cela tient avant tout au poème, à l'inanité évidente de l'action. C'est que le sujet de Salomé avait déjà revêtu pour nous sa forme définitive, pour ainsi dire canonique, dans la tragédie d'Oscar Wilde. Ce bref chef-d'œuvre, poignant, mystique, sensuel, est établi sur les quelques versets des Ecritures, la prose ornée et nombreuse d'un conte de Flaubert, sur un

monologue de Mallarmé, sur telle page fiévreuse
de J.-K. Huysmans inspirée par une toile de
Moreau. Il réunit toutes ces suggestions en
faisceau lumineux, les résume victorieusement,
s'impose tellement à notre imagination que rien
ne peut entamer cette synthèse.

Si l'on reprenait aujourd'hui le fameux drame
musical que calqua sur ce poème Richard
Strauss, la partition tomberait, il se peut bien
à plat, tellement notre entendement musical
a évolué, mais le texte et surtout la formule
théâtrale sortiraient de l'épreuve intacts !

Par contre, la version nouvelle de la légende,
tirée d'un poème du regretté Robert d'Hu-
mières, apparaît appauvrie, blafarde, languis-
sante, sans charpente et sans ressort. La chorégraphie, l'intuition plastique auraient-elles pu
combler les lacunes de la donnée ? J'en doute
fort. Quant à la chorégraphie réalisée à l'Opéra,
elle est d'une insuffisance trop patente. C'est
là une œuvre hybride, celle d'un « vieux de la
vieille », fidèle non tellement à la tradition,
qu'au train-train paisible des choses, mais
desorbité, affolé, envoûté par les triomphes de
Fokine. Il n'ose plus jouer franchement le grand
jeu des enchaînements classiques, et il ne se
risque qu'en hésitant dans les sabbats effrénés
des finales russes. Technique timidement tron-
quée, vagues essais de couleur locale qui som-
brent bientôt dans une pantomime hystérique...
Oh ! ces suivantes de Salomé, qui marquent le

rythme en laissant simultanément aller leur tête de droite à gauche, en balancier, à l'instar de la poupée en porcelaine chinoise de maître Coppélius !

Oh ! la tête que fait Saint-Jean-Baptiste, dont le costume et le masque tiennent du plus pur style Saint-Sulpice, et la misère de ses gestes qui sont tout d'une pièce !

Mlle Y. Daunt est Salomé. Ou, plutôt Mlle Daunt, que j'admire beaucoup, n'est pas Salomé. Salomé, petite vierge tragique, fleur de perdition, vase de tristesse, perle noire, qui l'incarnerait ? Mlle Daunt grande, blonde, blanche et rose, c'est Penthésilée, reine des amazones, c'est l'antique chasseresse, Antyope ou Diane ; c'est encore la jeune sportive, foulant, raquette au poing, un ground bien sablé. Peu d'élévation mais un élan vigoureux qui pourrait en trois bonds lui permettre de mesurer la scène en diagonale. Pour elle, les grands temps de bravoure, les séries de pirouettes à vaste envergure ; pourquoi pas le fouetté en tournant ? Son « training » est solide ; sa technique honnête ; j'aime voir son dos droit, son pied retombant avec la pointe strictement verticale, le cou de pied saillant. Pour les développés de l'adagio, l'aplomb fait visiblement défaut, les linéaments sont peut-être trop robustes. Il en est de même pour l'ornementation délicate, les clair-obscurs aurait dit Noverre, les entrechats à segments nombreux.

Mais tout ce qui est parcours, dynamisme pur avide d'espace, est bien de son fait.

Mais cette Salomé... et cette corvée imposée à la danseuse ! Voyez-vous la Diane dite de Versailles, ou Mlle Lenglen, imiter la danse du ventre avec force déhanchements ? Et je ne goûte que médiocrement le « coup de l'escalier »; praticable construit de profil, inspiré de Hellerau, que monte et descend Salomé en mimant son triomphe et son épouvante.

Il faut conclure — et j'aurais encore voulu parler du grandiose décor bichrome, vert et sang-de-bœuf, imaginé par M. René Piot; divaguer un moment sur ce que devrait être, en somme, le « décor de danse »; admirer l'art laborieux de la draperie et du geste que déploie M. Wague pour camoufler sa taille quelque peu exiguë; offrir un hommage personnel aux vingt-cinq bonnes danseuses qui figurent sur le programme; puis, en désertant un instant l'Opéra, minuter quelques observations sur une singulière petite danseuse en bronze jaune, Nyota-Nyoka, qui croit reconstituer des bas-reliefs de Sakkarah, se trompe en le croyant, mais souvent d'une manière bien charmante. Mais déjà, j'abuse.

J'espère, d'ailleurs, avoir, bien que succinctement, fondé raisonnablement la haine solide que je sens monter en moi pour la *Tragédie de Salomé*. Cela serait toujours un résultat.

15 MAI

PEUT-ON RECONSTITUER UNE DANSE ANTIQUE

Il m'arrive ceci. J'avais affirmé ici même
que Mlle Nyota-Nyoka, danseuse exotique, s'il-
lusionnait en croyant *reconstituer* des danses
du temps jadis. Et voilà qu'une très grande
amie de la « victime » m'honore, à ce propos,
d'une lettre de la plus exquise impertinence —
pour dire que je n'y entends rien. De plus, elle
me jette à la tête — pour m'accabler dans ma
crasse ignorance — dix ou douze volumes d'érudition dont quatre lourds à assommer un bœuf.
Et moi qui ne l'avais touchée qu'avec une fleur !
Enfin ma correspondante me porte le coup de
grâce en adjoignant malignement à sa missive
le tracé d'un relief de Sakkarah. Mais, oh ! ironie
des choses ! j'avais, il y a des années, reproduit
ce même relief révélateur dans un de mes livres.
Mais, trève de badinages, car le problème est
au fond passionnant.

Donc Mlle Nyota reconstitue les danses du
temps des Pharaons ; et j'apprends qu'elle a
peu de doutes sur l'authenticité de son inter-

prétation. C'est beaucoup dire. Evidemment, des documents iconographiques subsistent assez nombreux ; on trouve de plus des indications dans les textes. Il reste à les *déchiffrer* d'une manière plausible et à les *réaliser* intégralement.

Mais peut-on en somme reconstituer un mouvement de danse ? Quelquefois, peut-être, et encore ! Il ne s'agit pas ici d'une entrée de ballet de Campra et Pécourt ; car pour elle nous disposons, en plus des estampes de l'époque, de tracés chorégraphiques dont nous avons la clef, du texte musical, des comptes rendus du *Mercure*. D'ailleurs, même en présence de tous ces éléments, la tâche reste ardue.

Mais s'il s'agit d'un mouvement dont l'image conservée fixe un ou deux aspects seulement — ou bien deux aspects simultanés comme l'a observé Rodin chez Rude ou Géricault, comment s'y prendre pour reconstituer ?

J'ai compulsé récemment un bouquin allemand bien déconcertant. Il est rédigé par un chef d'escadron et a pour sujet *l'allure des chevaux* dans la fameuse Procession des Panathénées.

J'ai appris par ce livre que, deux siècles durant, esthéticiens et archéologues — dont l'illustre historien M. Collignon — n'ont pu se mettre d'accord sur cette question. Et voilà que le sabreur allemand arrive à déterminer avec évidence l'allure, le genre d'harnachement (qui chez Phidias n'est aucunement indiqué), la méthode des cavaliers. Je ne me rappelle pas le résultat, étant peu ferré sur l'équitation, mais le procédé d'investigation me frappa. L'auteur avait obtenu par le *cinéma au ralenti* une analyse infiniment subtile de toutes les allures présumables. Et, en comparant minutieusement ces instantanés pris sur des chevaux vivants au mouvement des coursiers de marbre, il trouva la solution. Comme il est bon cavalier lui-même, rien de plus simple que de reconstituer le mouvement. Il n'y a pas là, d'ailleurs, de quoi s'étonner. Sait-on qu'il y a plus d'un quart de siècle un savant français usa de la cinématographie encore dans l'enfance pour reconstituer l'orchestique des Grecs, d'après les monuments figurés ? Non, car il est admis d'ignorer tout des initiatives françaises. La thèse de M. Emmanuel cherche à galvaniser la mort en lui juxtaposant la vie. Il mit les dessins des potiers ioniens en présence d'analyses photographiques prises sur les temps essentiels de la danse dite classique. Et il obtint ainsi, en s'appuyant sur les données d'un art vivant, des lumières sur la gymnastique des anciens, que je ne puis exposer ici, mais qui réduisent à peu de chose le dilettantisme d'une Isadora Duncan.

Encore faut-il tenir compte des déformations voulues par l'artisan, imposées par le rite, déterminées par telle idéologie ou convention. Ainsi Fokine adopte-t-il dans *Cléopâtre* la conception des épaules vues de face sur un torse en profil. Ainsi Mme Valentine Jean-Hugo *rectifie-t-*elle dans un ouvrage inachévé le mouvement des danseuses de Sakkarah mentionnées au début de cette note, en l'identifiant au grand battement de nos danseuses, — tandis que Mlle Nyota le reproduit tel quel, à deux reprises. Jamais en cueillant des poses dans Cappart ou Perrot, les alignant en mosaïque et en improvisant tant bien que mal les transitions, on n'arrivera à reconstituer la technique savante des danseurs égyptiens. Mlle Nyota « reconstitue » une danse guerrière d'après tels monuments. Fort bien ! Jetez les yeux sur les documents les plus accessibles. Vous verrez que les Egyptiens de Béni-Hassan cabriolent, pirouettent, tourbillonnent. Mlle Nyota ne saute pas, n'exécute aucune pirouette. Voudrait-elle, elle ne *pourrait pas*. Une danseuse classique *peut*. Voilà qui est tranché.

Mais *faut-il* reconstituer ? Je n'en vois pas, pour un danseur, la nécessité esthétique. C'est là un problème fait pour passionner l'historien, le théoricien. Pour l'artiste, l'intuition juste suffit ; s'il suggère, s'il crée une atmosphère, il fait œuvre d'art. Qu'il s'inspire de ce qui l'émeut, mais qu'il ne fasse pas figure de pédant. Qu'il nous laisse disserter, nous autres, mais qu'il sache, lui, son métier.

Quand Mlle Nyota, assise, danse avec les bras une divinité brahmanique, c'est très beau. Le poignet joue librement, mais on ne voit pas cette fluctuation, ce serpentement intérieur des muscles sous l'épiderme qu'on observe chez d'autres orientales ou gitanes. Elle est très bien faite : le torse en « mufle de vache », l'épaule en « tête d'éléphant » et la jambe en « tronc de bambou » avec des petits pieds dont les doigts s'assemblent comme ceux de la main « en position ». Pour ne plus parler hindou, elle montre une plénitude de formes juvénile et ferme qui enchante l'œil. Les costumes de Poiret sont d'une somptuosité discrète. Chaque entrée de la danseuse est saisissante d'étrangeté charmante. Mais cela ne dure pas. La *diction* de sa danse est pauvre, sa technique défectueuse, très limitée. De l'intelligence, beaucoup de goût, aucune vulgarité. J'oubliais : les dents fort belles. J'en sais quelque chose. Elle me les a montrées...

Mais peut-être a-t-elle été plus maligne que moi et ne voulait-elle qu'un article sur elle dans *Comœdia*. Eh bien, elle l'a !

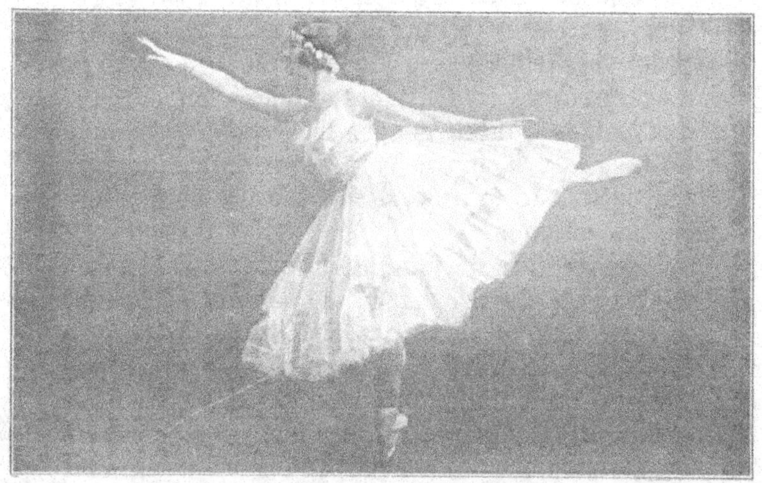

Mlle DE CRAPONNE

20 MAI

LE RETOUR DES « BALLETS RUSSES »

Pour la quinzième fois, Diaghilev revient et
nous ramène les grandes soirées fiévreuses des
premières russes. Sa compagnie s'est accrue
d'exécutants remarquables ; elle a aussi subi
des pertes douloureuses. Et c'est Bronislava
Nijinska, la sœur de Vatslav au nom glorieux,
qui détient le commandement suprême des forces moscovites.

La première de jeudi comporta deux œuvres
inédites : *La Belle au Bois dormant* et *Le Renard*. Paris ne verra pas, cette fois-ci, l'œuvre
maîtresse de Marius Petitpa se dérouler dans
son ensemble imposant, dans le cadre grandiose
établi par Bakst pour le mémorable spectacle
de Londres. On nous en donne un fragment
important ou plutôt un résumé succinct, trop
touffu peut-être pour avoir absorbé la matière
de quelques actes et un peu monotone, toute
action ayant été éliminée. C'est là, en somme,
un vaste divertissement, où il y a de vieilles
choses de toute beauté (on en jugera quand le

spectacle sera tout à fait au point) et quelques inventions récentes fort ingénieuses. Ainsi l'adagio dit des sept demoiselles d'honneur, avec les sept premières danseuses exécutant simultanément (ce qui n'est pas arrivé jeudi) un développé à la quatrième ouverte, est un spectacle rare ; *L'Oiseau bleu*, qu'on connaissait, d'ailleurs, est une des plus belles pages signées Petitpa. Dans les contes de fées, on goûtera beaucoup *La Chatte blanche* et *Le Chaperon rouge*, d'une naïveté si subtile, et encore *Les Princesses de porcelaine*, chinoiserie rococo, dont l'auteur est feu Léon Ivanoff, qui fut, à Pétrograd, l'émule de Petitpa. La Nijinska tire des groupes nouveaux et drôles de la danse populaire russe, la danse « accroupie », dans les *Trois Ivans* ; mais je considère la *Shéhérazade*, de Mlle Dalbaïcin, ponctuant de ses talons le rythme de Tchaïkovsky un hors-d'œuvre qui ébranle l'ensemble. Quant au grand pas de deux final, j'aurais encore à en parler...

Le *Renard*, de Strawinsky, étant, selon le programme, une « histoire jouée et chantée », je me récuse moi-même en m'en remettant pour l'appréciation à qui de droit. Les danseurs de ce Chantecler postcubiste figuraient les animaux de la fable, au moyen de mouvements imitatifs et de temps populaires qui ne sont pas inépuisables.

On donna encore *Les Danses du Prince Igor*, chef-d'œuvre intégral et qui, lui, est inépuisa-

ble, et *Le Carnaval*, de Schumann-Fokine,
suite d'épisodes dansées, minuscules et adorables, mais laissant quelquefois un vide ; minia-
tures dans le cadre d'une fresque. Ceci pour la
chorégraphie, aperçu bien sommaire d'une soirée très remplie.

Mme Véra Tréfilova, que Paris a applaudie
hier, pour la première fois, est une danseuse
parfaite. Je hais par dessus tout la gloriole
nationale, mais pourquoi ne dirai-je pas que
la Tréfilova a été, là-bas, une des plus pures
gloires du ballet impérial. Sa technique est
absolue, mais elle n'en devient pas pour elle
une gymnastique abstraite : c'est l'expression
totale d'un être harmonieux. Dans l'adagio, le
jeu des courbes et des verticales est d'une
pureté sans pareilles ; elle se développe comme
une fleur qui s'ouvre. La conduite de la ligne
est d'une précision si délicate et si discrète,
que le spectateur ne se doute pas des difficultés
vaincues. Les bonds vertigineux ne sont pas
faits pour elle, ainsi que les grands jets de passion. Pavloa est l'oiseau, elle est la fleur. Instrument admirable qui serait en même temps
le musicien : Stradivarius dansant.

Dans la « coda » du pas de deux, elle introduit une série de 32 fouettés (la plus difficile et
la plus belle des pirouettes), tirée du *Lac des
Cygnes*, et dont l'histoire vaut d'être un jour
contée. Eh bien, elle n'en fit que 28 et se laissa
glisser vers l'avant-scène, au lieu de « mordre »

les planches, car elle était très émue. Que le public parisien lui sache gré de cette émotion.

Un pas de deux — et c'est tout. Qu'on aimerait voir la Tréfilova interpréter les chefs-d'œuvre du répertoire français : *Sylvia, Coppélia* ; quelle émulation entre égales, avec l'admirable Zambelli, pourrait en résulter !

A côté de Tréfilova, limpide comme un scherzo de Mozart, la Nijinska, danseuse puissante et bizarre, enivrée de rythme, qui hume la musique comme un stupéfiant, se brise, se crispe en de folles arabesques, luttant de vitesse avec les « presto » les plus haletants de l'orchestre.

Suivent Mme Egorova, au métier si délicat et si noble ; Nemtchinova, danseuse de toute sûreté, mais sans personnalité marquée ; Oghinska, qui a vingt ans, sort à peine de l'école de Pétrograd et dénote déjà certaines qualités de ces Polonaises de race qui ont, de tout temps, participé aux plus hauts faits du ballet russe ; Tchernicheva a la belle prestance décorative ; Schollar et Doubrovska, qu'on revoit avec plaisir. Je ne ferais que mentionner, aujourd'hui, Idzikovsky, sauteur prodigieux ; Vladimiroff, qui avait pris à Pétrograd la place de Nijinski ; Viltzac, bel et bon danseur ; trop de portraits à faire pour une brève chronique. Mais je peux clore cette énumération, sans avoir parlé de l'absente, cette suave et triste Spessiva, la femme qui est un roseau dansant.

«PÉTROUCHKA » ET « LACHETÉ »
OU L'HISTOIRE VUE PAR LE BALLET (1)

Cependant que l'on joue, au Théâtre Femina, *Lâcheté*, mimodrame de Bakst, on reprend à l'Opéra *Pétrouchka*, scènes burlesques. Il y a, entre ces deux étonnantes fictions, rien moins qu'un demi-siècle d'histoire russe : la chute d'un monde.

Pétrouchka nous apparaît — sous les espèces d'un guignol grandeur nature — comme l'épanouissement suprême de l'ancien Saint-Pétersbourg, comme une vision nostalgique de la cité impériale, évoquée par Alexandre Benois, amoureux fervent d'un passé aboli.

C'est la cohue populaire, truculente, goguenarde, assourdissante qui d'un exubérant mouvement d'allégresse accapare la scène ; c'est le rythme puissant, multiple, singulièrement vivant de la foule qui, à proprement dire, constitue l'action.

1. Chronique publiée dans le *Figaro*.

Dans le décor rigide et hautain de la ville fatale, la verve populaire s'est bâti en plein air son paradis artificiel, un Sésame de baraques foraines, les « Balagani » bleus et rouges. Et voilà que revivent, se multiplient, grouillent les personnages des estampes et des images d'Epinal, les lithos des Gavarni du terroir : les plantureuses « nounous » se pavanent provocantes ; dans un énorme tapage de bottes, les postillons barbus précipitent les pas de leur danse accroupie. L'immense Russie rustique, la Russie du moujik — le même sous Nicolas Ier qu'il fut sous le Tsar terrible — s'épanche une dernière fois dans ces saturnales slaves.

Et les poupées mêmes qui sont les protagonistes du drame grotesque s'évertuent à secouer leur torpeur mécanique : elles voudraient s'incarner, elles ont faim de vivre ! Et, par instants, elles vivent réellement...

C'est encore à Saint-Pétersbourg, mais qui est devenu Petrograd, que se déroule, brève et sinistre, l'action de *Lâcheté*. Non plus au clair soleil d'hiver, mais dans les murs en béton armé de la « Maison du peuple » que le dernier des tsars éleva à la gloire de la capitale moderne. Ici les chevaux de bois sont mus par de puissantes dynamos sous la lumière crue des lampadaires électriques. Mais qu'est-elle devenue cette foule de *Pétrouchka*, diverse, bariolée, enivrée de mouvement ?

La poupée, le pantin artificiel, mécanique,

automatique a évincé l'homme ; elle prime l'acteur désemparé. Il reste juste assez d'âme en
ce monde changé pour en meubler les corps de
cinq êtres humains ; et quelle âme, juste Dieu !
Rien ne rappelle dans ces fantoches l'insouciance
riante de *Pétrouchka* : nous sommes — et on
le sent douloureusement — à la veille d'une
chose terrible ; un morne ennui pèse sur nous
comme un ciel bas d'orage. Ah ! nous sommes
bien à Petrograd, en 1916.

Aussi, comment dire tout ce qu'il y a de sournois dans l'apathique inertie de ces couples à
peine articulés, uniformément vêtus, qui sau-
tillent ou s'affaissent au bout de leurs fils de fer ?
Devant cette veulerie, cette passivité mauvaise
des poupées sans figure, devant ce dandinement
cynique des pantins, cette danse macabre de
l'indifférence, l'action mimée s'étiole, les hommes vivants se dérobent. Le drame passionnel,
la mort qui passe, hideuse et ricanante, blêmis-
sent sous le regard sans yeux des masques hos-
tiles.

Comme l'inévitable nous cerne ! Tout dans
cette atmosphère d'angoisse et d'hallucination
devient menace latente. Et le jour est proche
— on le sent de toute son âme crispée par
l'appréhension — où cette masse inerte, aveugle, écrasante, se ruera sur la Russie pante-
lante.

Heureux le blond étudiant en vareuse verte
qui trouve la mort en poursuivant un rêve

d'amour : il ne verra pas. Il ne connaîtra ni la honte, ni la faim, ni l'exil. Qui de nous ne l'envierait ?

Tels apparaissent les deux visages de la Russie, évoqués par deux peintres, qui sont plus que des peintres : Benois qui a la divination rétrospective, Bakst qui possède l'intuition lucide de la vie moderne et de ses forces tumultueuses.

LES BALLETS RUSSES

J'ai revu *Le Mariage d'Aurore* ; depuis la première, l'exécution s'est équilibrée ; elle est actuellement d'une homogénéité parfaite dans les ensembles. Mais en tant que conception scénique l'œuvre reste hybride : torse classique enguirlandé d'ornements exotiques. J'ai revu de même, après des années et dans un décor un peu fané ce *Spectre de la Rose* où Fokine avait su, avec simplicité, amalgamer au rythme dactylique de l'*Invitation à la Valse*, l'essence même, odorante et mélancolique du petit poème de Théophile Gautier. Mme Tréfilova est la protagoniste des deux ballets. Comment ne pas insister sur la perfection où cette danseuse atteint? J'ai parlé dernièrement des qualités de son exécution gymnastique ; mais voyez encore ces ports de bras qui paraissent, telle est la précision élégante des contours, circonscrits par le crayon d'Ingres, les renversements du torse, l'unité, le lié du mouvement depuis le regard jusqu'aux pointes. Et 'elle les a eus, cette

fois-ci, ses trente-deux fouettés ! Avec ingénuité, — un peu pensive, — elle trace les hiéroglyphes de la danse. Les déchiffrer, comme on
raconterait une pantomime ? Non, puisque la
danse classique n'*exprime* point ce qui pourrait
être *dit*; elle *réalise l'indicible*.

La compagnie de Diaghilew comporte trois
premiers danseurs. Mais seul, Idzikovsky trouve
l'occasion — Arlequin, Oiseau bleu, puis Spectre — de donner toute sa mesure.

Idzikovsky est un sauteur prodigieux; tout
en lui converge vers le bond, le prépare, le
seconde. En faisant ployer ses jarrets formida-
bles, il enlève, en se jouant, un torse fluet;
tourne en sautant, et, en deux jetés, s'incur-
vant en volute d'acanthe, traverse le théâtre. Il
paraît qu'il a pratiqué la danse acrobatique ;
c'est bien possible. Jules Perrot, Perrot-l'aérien, le plus grand sauteur de France, n'avait-il
pas, avant d'aborder l'Opéra, été trois ans *Polichinelle* et deux ans *Singe*?

... Avec cela (je parle d'Idzikovsky) peu ou point
de qualités plastiques. Voyez le *Spectre de la
Rose :* le sous-titre de cette reprise ne devrait-
il pas être : *Hommage à Nijinsky*? Auriez-
vous oublié, lecteur ingrat, sa grâce de fauve
câlin, le jeu tant harmonieux des muscles ?
Nijinsky était une personnalité hors ligne.
Idzikovsky, lui, est un exécutant de première
force.

M. Vladimiroff n'a pas grand'chose à faire;

la distribution ne le favorise guère. Assez
pourtant pour un premier jugement. Après
Idzikovsky, danseur poids-plume, Vladimiroff
est le champion des poids mi-lourds. C'est là
l'éphèbe athlétique, à la somptueuse prestance :
et quand il cabriole ce n'est pas l'envolée d'un
corps impondérable que nous admirons, c'est
la haute discipline du muscle narguant les lois
de la gravitation. Mais sa variation de *La Belle*
est peu révélatrice quoique ornée de batteries
et entrechats rococo, que Vladimiroff exécute
avec une élégance sûre. Mais sa vraie puissance
reste latente. Il y a encore Vilzac ; on lui fait
exécuter des ruades dans une danse russe grotesque. Eh bien, c'est encore un premier danseur classique remarquable : bien fait, très
d'aplomb dans les séries de pirouettes, mime
expressif et noble. On n'en voit rien, direz-
vous. Tant pis, il faudra, cette fois-ci, me croire
sur parole. Mais il me faut quitter ce beau domaine si longtemps négligé de la danse masculine ; peut-être, un jour, reprendrai-je le sujet
avec plus d'ampleur.

Et maintenant, allons revoir ce soir *Pétrouchka* et le *Faune*, qui, issus de conceptions
chorégraphiques nouvelles, donnent lieu à la
discussion âpre et féconde.

29 MAI

PÉTROUCHKA. L'APRÈS-MIDI D'UN FAUNE. SOLEIL DE NUIT

Non seulement, après des années qui anéantirent tant de choses éphémères, *Pétrouchka* demeure, non seulement sa vitalité exubérante ne se dément pas, mais l'emprise qu'exerce cette œuvre unique apparaît plus intense. Quelle joie que cette musique, ce bruit puissamment organisé, forgé par le rythme; cette musique où d'innombrables harmonies imitatives sont fondues dans ce vaste mouvement d'ensemble, irrésistible, impératif qui *impose* aux danseurs leurs pas. Et chaque épisode sonore, la rengaine vieillotte de l'accordéon grinçant, la petite fanfare aigrelette du pitre, ces entr'actes haletants, rythmés par le tambour brutal, — chaque épisode, dis-je, nous cause un plaisir aigu, unique. Tel est le naturel, la désinvolture, la vivacité de cette pantomime burlesque que l'on croirait aisément à une improvisation. Cependant, rien de plus complexe que la configuration du mouvement réparti sur trois plans différents.

Et c'est cela, je l'avoue, qui m'intéresse avant tout.

Le premier, le grand moyen de Fokine a été la *parodie* chorégraphique. Ce que nous montrent les danseuses foraines du premier tableau, puis, la ballerine-poupée, c'est la déformation ironique des pas de ballet, — tandis que les danses des nourrices, des postillons ou des masques valent par l'exagération grotesque, voulue par le maître, des mouvements de danse populaires.

Pour les poupées, dans les scènes d'intérieur le procédé diffère. Pétrouchka est un pantin astreint à un mouvement mécanique, limité, anguleux. Mais Pétrouchka aime; il en devient presque un être humain; il tâche de s'exprimer. Ceci détermine ses jeux de scène. En vain l'âme se débat contre l'armature qui l'emprisonne; elle ne peut s'en arracher; le geste de ferveur n'aboutit pas; il sombre dans l'automatisme de la poupée. Et ce *dualisme* du mouvement, poignant et cocasse, tient la salle en haleine. Reste enfin la foule des badauds où revit le Saint-Pétersbourg du temps jadis. Cette foule déambule *librement*, se groupe selon les éventualités de l'action sans trop se préoccuper du rythme musical : la fresque sonore de Stravinsky lui sert simplement de fond. Mais à tout moment des épisodes dansés jaillissent, se dessinent et vont se perdre dans la cohue allègre.

Tels m'apparaissent les procédés d'exécution

de cette admirable *pantomime en musique*. L'interprétation est bonne : Idzikovsky-Pétrouchka, Zwéreff-le Maure. Mlle Nijinska joue la ballerine en accentuant à outrance le côté grotesque, avec cette fougue qu'elle met en tout. Mais elle n'efface pas de ma mémoire la figure de porcelaine de la ballerine-Karsavina, son sourire adorablement niais et ses beaux yeux vides d'être sans âme.

On donna à la suite *Le Sacre du Printemps*, l'œuvre la plus âprement discutée qu'ait jamais osée Diaghileff. Mais j'ai tant de réserves graves à formuler sur la réalisation scénique de ce mystère préhistorique que je préfère en parler, lors de mes prochains « propos », dans un coin paisible de la vie « Vie Musicale ».

Puis ce fut *L'Après-Midi d'un Faune*, de Mallarmé, Debussy, Bakst, Nijinski.

Connaissez-vous la genèse du poème ? Un jour, à la National-Galery de Londres, Mallarmé aperçut une toile de Boucher, *Pan et Syrinx*, où, caché dans les roseaux, le Dieu guette deux nymphes voluptueusement enlacées. Il en tira son poème sublime, mais hermétique, déroutant le lecteur, tant de significations s'y croisent et s'y superposent. C'est M. Albert Thibaudet qui nous conte l'anecdote dans sa passionnante thèse. Plus tard, il songea à tirer du *Faune* un ballet, projeta une édition avec indications scéniques ; nous savons qu'il voulait des roseaux dans le décor. Nous savons encore que Debussy imagina sa suave églogue musicale sans aucune arrière-pensée théâtrale et que ce furent les Russes qui réalisèrent le rêve de Mallarmé.

On voit donc une toile de fond, figurant la mer et le ciel (Bakst avait, en 1919, peint une forêt) et à gauche un promontoire praticable, rectangle qui se découpe, sans beauté, sur ce fond. L'action se passe sur le proscénium. Le *Faune* se mêle aux nymphes qui, vêtues de longs chitons aux plis tuyautés, se dessinent de profil sur un plan unique, très restreint. Quel est ce plan ? Mais la surface du *lécythe* ionien dont ils font la frise. Ces femmes ne sont pas des danseuses en liberté, lancées dans l'espace ; ce sont des figures décoratives. Et ce ne sont pas là des danses grecques reconstituées ; c'est plutôt le procédé conventionnel du peintre-potier qu'évoquent les pas et les poses des artistes.

Mais si l'on reproduit grandeur nature, — me dis-je, — les figurines d'un vase grec, pourquoi ne pas reproduire sur la même échelle *le vase même* et ses savantes rondeurs, en faisant courir le long de ses flancs cette guirlande de femmes ? Ces bas-reliefs mouvants ne seraient plus plaqués sur le vide ! Mais rêves que tout cela, et d'autant plus vains que la réalité présentée sur le théâtre est très agréable, parfois prenante. Je remercie Mlle Nijinska de se ressouvenir si pieusement de son frère ; j'ai trouvé Mme Tchernitcheva fort belle sous le vêtement archaïque.

Et pour finir, le *Soleil de Nuit*. J'aime beaucoup le récitatif mimé et dansé par Mlle Niemtchinova à la manière du *Coq d'Or*, avec l'accompagnement de cette voix si fraîche qui monte de l'orchestre. Les autres artistes sont assis en rond, formant l'enceinte du terrain ; plusieurs nous tournent le dos, constituant ce qu'en Russie on appela le « quatrième mur ». Au reste, certaine monotonie, quelques petits gestes souvent trop répétés — et le franc plaisir que donne cette musique limpide, saturée de rythmes populaires, qui délasse l'oreille après les stridences pathétiques ou ricanantes de Stravinsky.

2 JUIN

LE BALLET CAMBODGIEN

J'ai vu les Cambodgiennes, il sied que je parle
d'elles — et me voilà tout penaud, pauvre que
je suis, faisant sonner au fond de ma besace les
quelques gros sous de mon vocabulaire d'Occidental. Nous avons été témoins, en considérant
les entrées du ballet royal, d'une délicatesse
dans la perfection qui dépasse nos habitudes
mentales et ne se révèle à nous que d'une
manière sommaire. Nous avions connus jusqu'ici deux systèmes chorégraphiques, deux
langages de danse qui ont réalisé un mode
d'exécution complet, définitif, absolu. C'est la
grande tradition classique du ballet français ;
c'est encore l'orchestique grecque dont, décidément, nous ignorons trop de choses. Eh bien,
je n'hésite pas à leur associer ce ballet cambodgien qui, hier, a déconcerté maint snob
parisien par la subtilité souveraine de ses procédés plastiques. C'est la floraison suprême
d'une tradition millénaire et sacrée ; chaque
geste est surchargé de significations fournies

4

par la légende, par le symbolisme rituel, par
les cérémonies même de la vie quotidienne —
significations qui nous échappent pour les trois
quarts. Il faudrait une vie entière, là-bas, pour
pénétrer ce grimoire de formes conventionnelles. Inutile donc pour le critique de bâcler
tout boniment archéologique ! Servons-nous de
nos yeux un peu éblouis et prenons, en toute
humilité, notre part de joie à ce spectacle rare.

Nous verrons se manifester un style figé,
impassible comme un alexandrin de Leconte
de Lisle, mais infiniment complexe, divers,
chatoyant. Il faudrait un volume pour consigner
le jeu seul de la main, du poignet, de chaque
doigt, ou bien pour déterminer le canon de la démarche théâtrale ou des « positions » de danse.
Elles s'avancent, les minuscules ballerines, le
jarret légèrement ployé, les pieds en dehors ;
comme nos danseuses, elles recherchent dans
les temps à la hauteur le centre de gravitation,
mais ce n'est pas sur la jambe tendue, verticale, qu'elles pivotent ; le genou est infléchi
par un demi-plié. Elles pratiquent une attitude
devant où la plante est maintenue parallèle au
sol, une attitude derrière : genou ployé, le bas
de la jambe ramené vers la cuisse. C'est ainsi
que la sirène fuit le roi des singes, dans un pas
qui est la contre-partie de *L'Oiseau de Feu* de
Fokine. Ayant dansé, elles font la révérence à
la française, avec quelle grâce ! Mais vain bruit
que ces brèves observations ; au fait, comment

dire les ressources décoratives des poses cambodgiennes, leur symétrie rigide se modifiant en ornement asymétrique ; le serpentement des courbes, les inflexions suaves des torses ? Et puis la pantomime ! Il y a eu là une scène de séduction d'une sensualité si affinée mais si intense qu'elle dépasse les plus belles estampes érotiques d'Outamaro. Et pendant que les corps se mêlent en cette lutte passionnelle et les bras simulent les gestes de l'amour, les deux petites figures rondes des mimes vous regardent bien en face, imperturbables, pensives, sereines. Mais, encore une fois, je ressens un malaise à parler, au courant de la plume, de ces choses élaborées par les siècles et établies pour l'éternité.

Mais alors, tout cela aura été « inutile beauté » ? Que nous reste-t-il du spectacle cambodgien au Pré-Catelan, en 1906 ? Quelques dessins de Rodin et dix lignes admirables dans un roman d'Henri de Régnier. C'est là que cette grande puissance qu'est la cinégraphie devrait intervenir pour fixer sur l'écran les aspects essentiels de ce divertissement de déesses ? Y aura-t-on songé. Est-ce là une « affaire » ? Si non, une consolation nous reste. Mlles Yth. et Trasoth auront porté le coup de grâce au pastiche exotique, au dilettantisme brutal et désinvolte de tels danseurs européens, « faisant » dans le style oriental.

J'ai été un peu confondu, dans mon amour-

propre de barbare occidental, par le décor hété-
roclite qui, à l'Opéra, entoura les évolutions
des ballerines royales. J'aurais voulu, pour ces
bijoux ciselés, un écrin de velours noir — ou
simplement un fond neutre.

Mais combien j'applaudis à l'initiative si heureuse de M. Jacques Rouché ; il aura voulu, par
l'exemple de cet art parfait, sacerdotal, loin-
tain, stimuler les aspirations les plus hautes du
théâtre contemporain. Par l'intermédiaire de
nos hôtes asiatiques, il a proclamé hautement
les vertus de la discipline, de la tradition et de
l'esprit, qui « souffle où il veut ».

5 JUIN

LES DEUX SACRES

Le *Sacre du Printemps* fut naguère la « bataille d'*Hernani* » des Ballets Russes. Pour la première fois, ils rencontrèrent la résistance acharnée d'un public de fidèles. Défaite glorieuse ou triomphe douteux ? Je ne sais. Quoi qu'il en soit, Stravinsky sorti de ce Waterloo grandi, illustre. Mais la chorégraphie de Nijinski ne put s'imposer. Depuis, Massine a imaginé une interprétation différente du poète cyclopéen de Stravinsky : aujourd'hui nous assistons à la reprise de sa variante, en son absence. Je n'ai pas vu le Sacre de l'année passée. Mais combien je préfère le pandæmonim de jadis, le corps à corps furieux des deux publics de 1913 à l'approbation bénigne et blasée des spectateurs actuels !

La conception de Nicolas Rœrich, auteur du livret et du décor, faisait transparaître à travers le masque historique de la Russie païenne le visage bouleversé, étrange, d'une humanité primitive, visage contracté par l'indicible épouvante devant le mystère des choses. Ces « tableaux » n'ont pas de sujet au sens d'un développement psychologique ; la sensibilité de l'homme primitif est par trop confuse et rudimentaire ; aussi l'action n'est-elle pas construite ; les épisodes sont simplement alignés.

Dans le premier tableau, Rœrich avait restitué ou plutôt imaginé les gestes consacrés d'un culte antique ; ceux des sorciers adorant la terre et le miracle printanier ; ceux du peuple s'adonnant aux jeux rituels. Les jeunes hommes et les vierges exécutent des danses mystiques.

Or on n'avait jamais vu rien de pareil à ces danses.

Hypnotisés par une force occulte, les danseurs répètent à l'infini les mêmes mouvements, à peine équarris, compacts, obstinés, sinistres, jusqu'à l'instant où un soubresaut spasmodique vient modifier cet accord plastique, monotone, buté. Dépouillés de toute personnalité, de toute velléité individuelle, ces danseurs liturgiques se déplacent par groupes pressés, coude à coude. Une contrainte toute puissante, irrésistible, les domine, désarticule leurs membres, s'appesantit sur leurs nuques ployées. Et l'on se dit que d'autres mouvements plus harmonieux, plus libres leur sont *interdits* car ils auraient été *blasphématoires !*

D'où provient-il, ce charme cruel, qui plie les artistes modernes les plus raffinés, les danseurs russes, à ces accents impératifs, qui greffe sur

leur sensibilité slave l'âme pathétique et asser-
vie de l'homme primitif ? Mais uniquement de
la partition de Stravinsky ; c'est le démon de
cette musique — aux « hétérophonies » déchirant l'oreille, aux rythmes lourds et implacables
— qui agite sur le théâtre cette multitude éperdue, subjuguée, terrorisée. Quel suprême tension de la volonté dans cette mélopée barbare !
Si flûtes et hautbois, quelquefois, suggèrent la
candeur rustique du chalumeau des premiers
nomades, les bassons résonnent ainsi que des
crânes perforés maniés par les doigts agiles et
cruels d'un improvisateur-cannibale.

Qu'en a-t-il fait, Nijinsky, de cette musique
défiant toute transposition plastique ? L'unique
résultat des mouvements, par lui imaginés, fut
la *réalisation du rythme*. Le rythme, telle apparaît pour lui la force unique, monstrueuse, apte
à dompter l'âme primitive.

Les danseurs incarnent la durée et la force
respective du son, l' « accelerando » et le
« ralentendo » de l'allure par une gymnastique
simplifiée ; ils font ployer les genoux et les
redressent, soulèvent les talons et les laissent
retomber, piétinent sur place, marquant avec
insistance les notes accentuées. Eh bien c'étaient
là les procédés les plus sommaires de l'enseignement dalcrozien, des exercices de rythmique
élémentaire selon la méthode du pédagogue
suisse.

Aussi, dès que la frénésie extatique des sauvages, exaspérés par le printemps, enivrés par la présence divine, se muait en une démonstration de gymnastique rythmique, dès que les sorciers et les possédés se mettaient à « marcher des notes » ou à « exécuter des syncopes » — c'en était fait de l'enchantement douloureux, et tout sombrait dans un lourd ennui. Le formalisme rythmique dont Nijinski usa d'une manière directe et agressive, avec une foi absolue de primaire, fit avorter l'œuvre.

Pourtant celle-ci se relevait au second tableau. Dès le début, ce tableau est fleuri d'un épisode parfumé de lyrisme : des jeunes filles mènent un branle, épaule à épaule, avec toute la préciosité angélique des saintes byzantines. Puis elles désignent et saluent la vierge élue, la victime du sacre. Les anciens l'entourent, la cernent. Dans ce cercle magique, la victime jusqu'alors immobile, blême sous son bandeau blanc, exécute sa danse macabre.

Et je revois Marie Piltz, affrontant avec sérénité une salle houleuse dont le tapage hostile couvre complètement l'orchestre. Elle songe, les genoux tournés en dedans, les talons en dehors, inerte. Une convulsion subite lance latéralement dans l'espace le corps engourdi comme par le ténanos, rigide comme un cadavre.

Sous la poussé féroce du rythme, elle s'agite et se crispe dans une danse extatique et saccadée. Et cette hystérie primitive, terriblement grotesque, captive et accable le spectateur désemparé...

Tels, les souvenirs ineffaçables de la bataille du *Sacre*. Mais nous voilà en 1922 et nous sommes tout étonnés de considérer cette œuvre de combat, outrancière, intransigeante avec une curiosité apaisée qui, parfois, frise l'indifférence.

Entendons-nous : le prestige du musicien, le sortilège des sonorités intenses reste intact. Mais la musique *n'arrive pas jusqu'aux danseurs* et les danses n'agissent pas, au-delà de la rampe, sur la salle. Il y a double solution de contact. Massine a simplifié et déblayé l'action en éliminant toutes les réminiscences historiques, toute prétention d'archéologue. Je n'en suis pas fâché, le théâtre n'étant pas un musée. Mais ce vide il l'a rempli par une succession de mouvements sans logique, sans raison d'être, par des exercices collectifs dénués d'expression. Les danseurs de Nijinsky étaient *harcelés* par le rythme. Ceux-ci se délassent en marquant la mesure et, trop souvent, elle leur échappe. Aucune conviction n'anime les exécutants qui ne cachent nullement au public leur désillusion ironique. Aujourd'hui comme jadis le deuxième tableau renfloue la pièce. Mlle Nijinska est dramatique dès le premier moment : immobile, le coude gauche appuyé sur la paume droite, la joue penchée sur l'autre paume dans un mouvement familier à la femme slave, elle est l'image même de l'angoisse. Puis, elle danse. Or cette danse véhémente, mais souple, mais déliée, avec de grands jetés en tournant qui se déchaînent comme une trombe, n'atteint pas aux secousses terribles qui faisaient du corps gracieux de Marie Piltt cette chose lamentable, déjà ossifiée par la mort qui la guette.

Tel que se présente le *Sacre* aujourd'hui, il me paraît inutile d'être *les Russes* pour arriver à cela ! Il aurait suffi d'être *les Suédois*.

« SHÉHÉRAZADE ». — LE PAS DE DEUX
DE LA « BELLE »

J'ai voulu revoir cette *Shéhérazade* de Bakst
et de Fokine qui est devenue une page d'histoire. C'est là une œuvre-type dont le rayonnement fut immense et qui modifia totalement
notre conception du décor. Pour une première
fois Bakst y fit triompher l'unité optique du
spectacle, méconnue, perdue pendant un siècle
ou presque ; *Shéhérazade* instaura de même cet
exotisme pittoresque, intense et sensuel, qui fit
surgir de par le monde une foule d'œuvres
théâtrales, qui subordonna pendant plus d'une
saison à la peinture la Mode jusqu'alors incoer-
cible, cependant que l'imagination du peintre-
auteur s'évadait vers d'autres horizons.

Aujourd'hui comme jadis la conception picturale s'adapte étroitement à la partition de
Rimsky, décorative, somptueusement ornée, aux
mélodies décrivant des arabesques contournées.
Avec quelle magnificence se groupent ou s'égrè-
nent sur ce fond d'émeraude et de saphir les

eunuques orangés, les almées roses, les nègres patinés ! Et comme j'aime ce trio des odalisques qui, assises au premier plan, dansent avec leurs bras et leurs torses souples selon le rythme d'un air charmant entonné par les bassons, soutenu par les contrebasses. Par ailleurs l'intérêt chorégraphique demeure secondaire, sacrifié à la préoccupation décorative. Les figurants sont surtout des éléments de composition interchangeables, des touches de couleur dans un tableau mouvant.

L'exécution est honorable mais sans grand éclat ; M. Vladimiroff est un nègre athlétique, d'une grâce farouche ; il a le tort de souligner un peu trop son jeu. Mlle Nijinska, infatigable, est le boute-en-train du corps de ballet qu'elle stimule par sa fougue.

Voilà donc cette *Shéhérazade* qu'on dénomme improprement *ballet* et qui est un merveilleux *décor animé*. Si peu à peu son essence orientale s'évapore, le flacon conserve ce parfum de myrrhe et de rosés de Shiraz, reconnaissable entre tous. J'ai revu également, pour la quatrième fois, *la Belle* et si je dis *la Belle* je veux dire « le pas de deux ». Car dans son ensemble cet « hommage à Petitpa » me cause un certain malaise. Si peu de chose subsiste de l'œuvre originale ! Et-ce désir louable de toujours faire mieux, qui anime les Russes, contamine et déforme ces beaux restes. Des épisodes charmants, tel le *Chaperon rouge*, confié à des exécutants de deuxième plan, agrémenté de nouveaux jeux de scène « amusants », tombent à plat. J'imagine la fureur du vieux Petitpa, autoritaire et susceptible, s'il avait vécu pour apprécier cet hommage ! Résigné, consolé quelque peu par les bonds d'Idzikowsky, une variation de Niemtchinova, toujours en progrès, amusé par les grands jetés de Mlle Damaskina qui « danse faux » avec conviction, mais qui semble bien douée, j'attends le pas de deux qui finit par venir.

Mais voilà que je ne reconnais plus le public ! Car ce public, soi-disant revenu de tout, *sait par cœur* l'adage de Tréfilova, comme l'on sait une stance de Musset ou bien une fable de La Fontaine. Autour de moi l'on s'émeut pour une pirouette et l'on applaudit une attitude. Aussi nous assistons à des choses prodigieuses. Ainsi je n'avais jamais vu une étoile exécuter, soutenue par son danseur, *cinq tours* sur la pointe tendue, d'une seule impulsion. Et l'on ne voit pas souvent une danseuse agenouillée se relever sur la pointe, la main dans la main du danseur. Puis, quand Vladimiroff enlève la ballerine dans les airs ce n'est pas un poids mort qu'il porte : car nous voyons Tréfilova plier avec cette grâce parfaite et un peu absente qui lui est propre et croiser les chevilles.

Ou bien encore elle achève un enchaînement, en se présentant sur la pointe, en arabesque, de profil, s'appuyant légèrement à son danseur.

Celui-ci recule et, pendant un long instant, elle se maintient dans cette position, défiant l'équilibre banal. Je ne fais ici que décrire sommairement, sans les analyser, des mouvements qui agissent directement, par eux-mêmes, sur tout spectateur clairvoyant.

Les deux variations suivent, et voilà qu'une tension nerveuse se manifeste de plus en plus dans la salle : on attend les « fouettés ». C'est là un mouvement giratoire et concentrique sur le cou-de-pied avec la jambe libre en qualité de fouet, qui fait tourner la toupie. J'ai promis un jour de conter l'histoire des 32 fouettés de Tréfilova. La voilà :

Pendant un demi-siècle les grandes virtuoses italiennes avaient tenu la première place sur la scène impériale ; San Carlo et la Scala prêtaient leurs étoiles au Théâtre Marie. La dernière fut Pierina Legnani qui, transporta les « baletto-manes » de la capitale en exécutant dans cette « coda » de Tchaïkowsky, vingt-quatre fouettés qu'elle faisait suivre de quelques temps sautés. Des années avaient passé sur ce grand souvenir quand Tréfilova, jeune grand sujet, dansant la même finale en fit trente-deux avec la même simplicité, la même grâce réservée que nous admirons aujourd'hui en elle. Par ce geste symbolique, le ballet russe était définitivement affranchi ; sa suprématie devenait indiscutable et bientôt indiscutée.

On voit par là combien le public a raison de

se passionner pour ces hauts faits de la gymnastique classique. Il commence à la déchiffrer ;
déjà il épèle, bientôt il lira couramment. Déjà
il applaudit ; bientôt il exigera. Et nous assis-
terons peut-être à une renaissance de la danse
classique, art français entre tous.

LES BALLETS DE LOIE FULLER

Derechef, les *Ballets fantastiques* de Loïe Fuller transforment le plateau du Théâtre des Champs-Elysées en cercle magique. Or rien de ce qu'invente Fuller ne saurait être indifférent. Un quart de siècle n'a pu anéantir la fascination de sa « danse serpentine », cette trouvaille qui lui valut la gloire. Si elle a, de l'anglo-saxonne, cet idéal plastique insipide, primaire, ce faux-hellénisme scolaire qui apparente son école à celle d'Isadora (celle-ci, d'ailleurs, lui doit beaucoup), sa personnalité n'en apparaît que plus prestigieuse. C'est une grande imaginative, une créatrice de formes. Les légers tissus qu'elle manie s'incurvent en spirales, en volutes, en trombes ; ils animent et organisent l'espace, créent à la danseuse une ambiance de rêve, suscitent tout un monde infiniment varié d'entités abstraites. L'espace géométrique est aboli ; c'est la lumière qui crée autour de ce volcan de formes, en l'isolant, un espace idéal ; c'est la lumière encore qui, réverbérée par le verre, sature cette envolée frémissante de voiles d'une vie colorée, insaisissable et passionnante. Dans

Phot. Jules SABOURIN

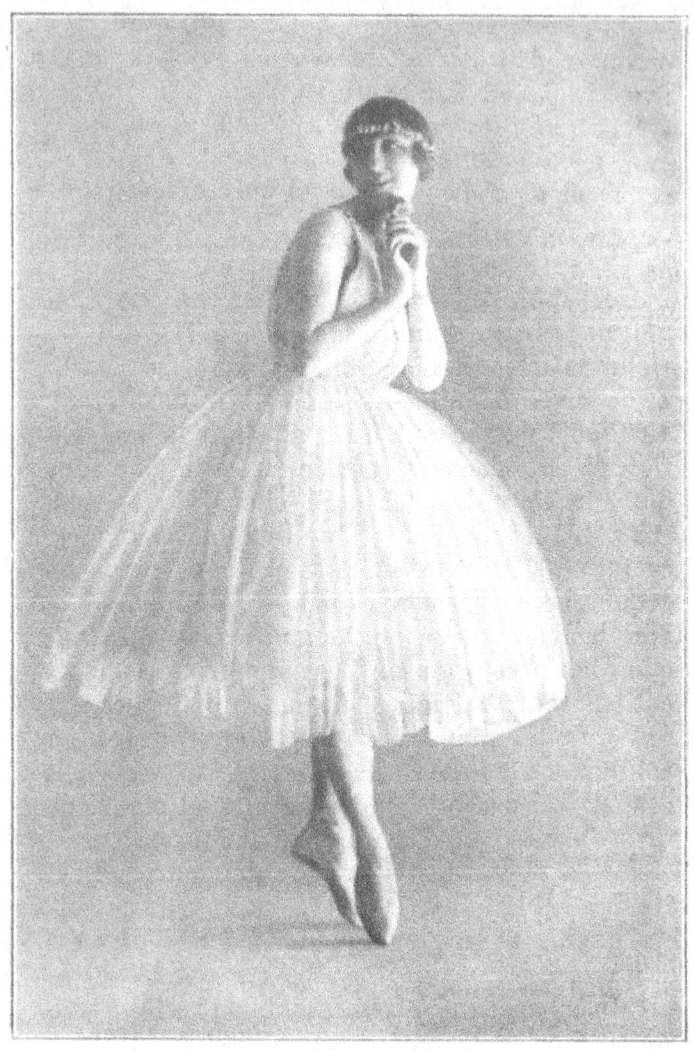

Mlle YVONNE DAUNT

ce tourbillon de draperies — aile, fleur ou pétale gigantesque — la danseuse disparaît. En vérité, cette baguette dont la Fuller allonge son bras et amplifie puissamment l'envergure du mouvement est la baguette d'une vraie magicienne.

Telle j'avais encore revu Loïe Fuller avant la guerre. Ce sont ses élèves qu'elle nous présente aujourd'hui, les mêmes, n'est-ce pas, que nous avons vu gambader, toutes mignonnes, à la Gaîté, sur des musiques de Mozart et de Mendelssohn ? Fuller elle-même reste dans l'ombre. Essaim de papillons géants ou, dans *Les gemmes féeriques*, une surface unie creusée et bombée par un déferlement de vagues, — les danseuses restant totalement dissimulées derrière le voile énorme, surface chatoyante, incandescente de diamants liquides. Il y a encore le poème du feu où les voiles embrasés par la lumière rouge affectent les formes de la flamme, ou bien cette marche de Tannhauser où l'envolée des amples et légers manteaux suggère une atmosphère d'exaltation et de royale grandeur. Tout ce qui est danse, ou plutôt marche et course rythmée, chez les élèves de Fuller est quelconque. Tout ce qui tient de l'optique est plein d'intérêt. On en rêve l'application au théâtre ; c'est à Loïe Fuller que j'aurais confié (si j'étais roi !) la scène des Sorcières de *Macbeth*, l'Ariel de la *Tempête*, la réalisation de l'*Or du Rhin !* Je ne lui reproche que quelques défaillances : les *Main*, le *Ballet des Lumières*, divertissement banal et symétrique où elle « nous en fait voir de toutes les couleurs », l'abus qu'elle fait de la musique rebattue de Grieg et l'audace singulière qu'elle a de juxtaposer Debussy et Godard.

En revanche, Mme Fuller nous ménageait une surprise : *Les Sorcières gigantesques* qui ont obtenu un succès d'imprévu très vif.

Les danseuses se profilent sur un écran violemment éclairé. Les ombres qu'elles projettent « doublent » chacun de leurs mouvements sur une échelle plus grande ; parallélisme réjouissant. Plus la danseuse s'éloigne de l'écran, plus son double grandit ; elle fuit vers l'avant-scène et voilà qu'une ombre gigantesque dont la tête touche au cintre la poursuit, enjambe la rampe et se fond dans l'obscurité de la salle. On voit enfin une énorme main d'ombre se saisir du groupe apeuré des danseuses collées contre l'écran et se fermer sur elles. Jamais, je crois bien, depuis le « Guignol » de mon enfance, je ne me suis tellement amusé au théâtre !

Voilà bien la Fuller ! L'ombre sur la scène n'avait jusqu'alors été qu'un élément fortuit et souvent fâcheux, menaçant l'illusion théâtrale laborieusement maintenue. Elle s'en empare, l'apprivoise et en fait une ressource plausible du spectacle.

Il y avait encore des danses de Mlle Anika Yan. J'ai regardé consciencieusement, j'ai lu également les explications fournies par le programme. Ma foi, je n'ai pas été convaincu.

19 JUIN

« LES FEMMES DE BONNE HUMEUR »

Je n'avais pas encore vu *Les Femmes de
bonne humeur* ; aussi le plaisir que j'ai goûté
samedi à Mogador fut-il tellement vif et d'une
qualité si rare que je répugne quelque peu à
l'analyser. L'inspiration de ce ballet comique
est si foncièrement heureuse, l'exécution si
homogène et si désinvolte, le tout est si bien
venu que je me suis abandonné sans réserves
à la douceur de vivre cette heure d'oubli exquis.
Voudrait-on résister, dès les premières mesures
de la partition de Scarlatti, on est saisi, bous-
culé par les rythmes agiles et narquois qui vous
entraînent dans leur ronde folâtre. On se gorge
de cette musique qui est du soleil condensé.
Cela mousse, cela fuse, cela grise : c'est un
grand cru.

Le sujet : un imbroglio italien où des grotesques de Callot bernent des masques échappés du Ridotto vénitien, où travestissements
burlesques, quiproquos bouffons, déconvenues
d'amoureux transis s'enchevêtrent et se dé-

nouent — où la mort même, matée, arbore un costume de Pietro Longhi et accompagne sur son violon macabre une danse de Mme Tchernitcheva, danse mélancolique où le divin sourire de Scarlatti se mouille et s'alanguit.

Pour fond imaginaire : ce grand coucher de soleil du XVIIIe siècle sur Venise qui agonise indolemment. Sans doute l'avocat Goldoni aurait contresigné les jeux de scène inventés par Massine, et Théophile Gautier aurait, en son honneur, ajouté quelques stances à ses *Variations sur le Carnaval*; voilà les parrains spirituels de cette fugace vision tout trouvés !

Mais ne croyez aucunement à une reconstitution, à un pastiche du passé inimitable; bien au contraire, c'est là une œuvre vivante et neuve où le passé n'apparaît qu'à l'état de suggestion lointaine, d'écho amorti par les siècles.

La chorégraphie mêle avec un esprit de finesse et un sens de l'à-propos qui ne se dément que rarement les procédés de la danse classique au mouvement « vulgaire », déformé et parodié, rehaussé et distribué par le rythme. Car tous les épisodes variés, précipités, de cette comédie touffue mais si légère sont réalisés en musique, sont *misurati* comme aurait dit ce Salvatore Vigano qu'admire tant mon ami Henri Prunières. Et l'on constate quelle source de surprises comiques peut jaillir de l'exécution *en mesure* des mouvements triviaux et réalistes de la vie familière. Quant à la conformation du geste, ce paradoxe des acteurs jonglant avec des accessoires imaginaires est vraiment fort réjouissant.

L'exécution est pleine d'entrain : l'on voit les artistes qui hier encore « sabotaient » inconsciemment le *Sacre*, heureux de danser *Les Femmes de bonne humeur* ; ils s'y amusent avec nous. Tous sont bons ; je citerai néanmoins Idzikovsky, petit-maître coquet, et surtout Niemtchinova, la soubrette, charmante comédienne, bonne musicienne, faite pour les variations prestes et fantasques, évidemment inapte aux grandes lignes lyriques de l'adage, mais si piquante dans les « scherzzandi » de Scarlatti-Massine. Aussi la Brianza a-t-elle raison d'être venue se mêler à toute cette fougueuse jeunesse, Brianza le « diablotin brun » qui ensorcela à Petrograd « la cour et la ville », il y a de cela quelque trente ans, et qui porte ce doux prénom qui est un présage et un symbole de la gloire chorégraphique, celui de la Grisi et de Zambelli : Carlotta.

Le décor : petite « piazza » de bourgade italienne, au campanile roman et aux balcons de fonte baroques ; les costumes d'un « rococo » populaire, paniers en cotonnade à bouquets, sont une des plus heureuses boutades de Bakst, pleine d'humour et de magnificence discrète. Quel Protée que ce peintre qui échange en se jouant, le cothurne tragique de d'Annunzio contre les talons rouges de Jacomo Casanova !

LETTRE A Mlle ***, DE L'OPÉRA

Mademoiselle,

Vous m'avez fait le grand plaisir de me convier à une démonstration de danses dans l'intimité sévère de votre atelier, et vous m'avez aussi fait l'honneur non moindre de me demander mon opinion. Cette opinion, je tiens moi-même beaucoup à vous le dire.

Vêtue d'une tuniqne à la grecque, jambes et pieds nus, vous avez interprété des pages de Chopin ou de Tchaikovsky. Vous avez, par des temps de marche et de course, exprimé directement la configuration du rythme; vous avez calqué vos pas sur le dynamisme inhérent au texte musical en vous en faisant l'écho plastique. Vous en avez, de plus, accusé les accents par des mouvements intensément marqués. Puis, recueillie, immobile, vous prêtiez l'oreille et l'âme à l'incantation musicale; vous l'absorbiez comme un fluide, en quête d'un mobile psychologique, d'une inspiration sentimentale, d'un

choc nerveux. Vous écoutiez cette musique
agir en vous. C'est ainsi qu'une *Polonaise* de
Chopin devenait une apothéose de la victoire,
de l'exaltation guerrière. Un prélude — le chemin de la croix d'un être enchaîné, se raidis-
sant dans une révolte tragique et vaine. Et déjà
votre imagination, activée par la mélodie, ampli-
fiait ce rudiment de sujet d'une affabulation plus
palpable : cet être accablé c'était un peuple.
Un peuple abstrait? Que non! Votre pensée
situait l'action de ce drame plastique dans un
milieu déterminé, le localisait : c'était là la
Pologne qui revivait dans cette pantomime
symbolique. Ainsi, vous imposiez et vous su-
perposiez des *significations* au fait musical
spontané et *désintéressé* : d'un jeu de sonorités
vous tiriez un programme de danse !

C'est l'émotion qui, victorieuse de la forme,
modelait vos poses, qui s'épanchait — à quelques attitudes « hellénisantes » près — en
gestes *naturels*, voire *naturalistes* et non orga-
nisés. Abolie toute gymnastique abstraite ! Abolie la lucide conscience du corps comme élément tectonique ! L'expression règne en maître.

Ou bien, sur un chant du Volga, vous figu-
riez le geste laborieux et saccadé des hâleurs
de lourdes barques en simulant le rythme de
l'effort musculaire extrême. En simulant, dis-je?
En vous suggestionnant vous-même par la vision de ces loques humaines, en haletant avec
elles sous le soleil de plomb, exténuée, doulou-

reuse, l'angoisse inscrite sur votre clair visage de jeune fille. Savez-vous qu'en Russie un tableau célèbre existe traitant le même sujet : *Les Hâleurs*, et que ce tableau violent et humain, sans doute, a causé à notre art de peindre trente ans de stérilité en substituant la thèse littéraire aux lois régissant le tableau de chevalet — comme le dillettantisme sentimental et l'hellénisme de bachelier de Miss Isadora Duncan a désagrégé pendant quinze ans l'art de la danse.

Mes impressions, Mademoiselle? Franchement, brutalement, les voici : je vous ai admirée, mais bien malgré vous ; j'ai apprécié la remarquable danseuse classique que vous êtes et que volontairement vous dédaignez pour les enfantillages caducs du duncanisme !

Vous m'offrez le spectacle de votre sensibilité sincère. Pardonnez-moi : je n'ai qu'en faire, de cette sensibilité. Je suis moi-même un sacré sentimental : ce fardeau d'humanité m'accable. Je demande à la danse la sensation esthétique seule, la plus haute satisfaction spirituelle. Vous avez des gestes qui sont des cris de douleur ou de joie. Mais ces cris m'ont déjà fait fuir la comédie et me réfugier au ballet. Vous incarnez, vous extériorisez avec intelligence la pensée musicale des grands maîtres. Arrêtez ! Je ne veux pas qu'on limite la résonnance de ces ondes sonores dans mon moi intérieur, qu'on interpose une vision plastique, personnelle, ar-

bitraire, douteuse, entre ce moi et l'adorable
phénomène musical.

De tout cela je me désintéresse. Mais dans
ces vaines danses d'expression, dans ces vagues
pantomimes mesurées, vous n'avez pas toujours su amoindrir et dissimuler votre valeur
réelle. L'esprit de l'École agissait en vous inconsciemment. Je me rappelle une pose qui
correspond à peu près au deuxième mouvement
d'une préparation à la quatrième croisée. La
jambe d'appui pliée, vous cambriez le torse,
dégagiez latéralement la jambe libre et rejetiez
les bras noués en arrière, encerclant la tête.
Tout le corps figurait une courbe puissante et
unique, tendue, vibrante comme l'arc d'Ulysse.

Ou bien — dans la polonaise, il me semble
— vous parcouriez le terrain par de grands
jetés. Vous étiez trop à l'étroit dans cet espace
exigu, vous pour qui le plateau de l'Opéra n'est
pas toujours assez vaste, pour qui il faudrait
non une scène, mais un stade. Vous auriez pu,
comme Achille, faire trois fois le tour des murs
d'Ilion à la poursuite d'Hector — car vous dan-
sez vingt danses sans être essoufflée le moins
du monde. Eh bien, quelle délivrance, quelle
robuste joie que ce franc jeté, que ce temps
d'élévation exécuté dans toute sa claire logique.
Tout de suite vous étiez récompensée : car la
courbe altière de ce mouvement sauté enlevant
le corps qui retombe verticalement comporte
une notion symbolique d'héroïsme martial,

d'affranchissement, plus profonde que toute simagrée mimique. Il est vrai que vous avez condamné et rejeté le maillot et les chaussons dits « conventionnels ». Vous vous enorgueillissez d'être une « va-nu-pieds », une « planipes », comme disaient dédaigneusement les Romains, à l'instar de ces mille et trois adeptes qui ont si singulièrement diminué l'apport personnel de la Duncan. Comment, d'ailleurs, vous en voudrais-je ? La critique « d'avant-garde » a-t-elle assez déblatéré contre le costume de danse traditionnel au nom du naturel, du pittoresque, de je ne sais plus quoi d'aussi étranger à l'art.

Donc, vous êtes un sujet classique, une danseuse noble, comme l'on disait jadis, faite pour les pas de parcours et d'élévation. Parmi les gracieuses Mylésiennes de Montmartre vous êtes la jeune fille spartiate, magnifique de vigueur harmonieuse ; vous ressortez à l'ordre dorique.

Mais à tout cela, vous n'y tenez guère.

Des velléités individualistes vous travaillent. Vous êtes en révolte contre la doctrine. Vous refusez de vous astreindre à la « grandeur et servitude » classiques. Vous les croyez trop peu « artistes ».

Je ne vous le reprocherai pas ! Car pendant vingt ans ou plus l'élite des esthéticiens, des poètes, des peintres d'avant-garde a constamment battu en brèche la discipline classique

calomniée, défigurée, bafouée par la conspira-
tion de toutes les incompétences ! Vraiment, une
danseuse classique en arrivait à se mépriser un
peu elle-même, exilée comme elle l'était du
mouvement artistique. Il existe un livre amer
du grand traditionnaliste M. Charles Maurras,
qui porte ce titre révélateur : *Quand les Français ne s'aimaient pas.* Eh bien, le temps quand
« les danseurs classiques ne s'aimaient pas »
est, heureusement, révolu. Car l'esprit nouveau
instaure dans tous les domaines le culte de
l'effort organisé, de la sérénité spirituelle, du
jeu logique et divin des formes libres. Et voilà
qu'en même temps la danse classique, patri-
moine français, sort de l'ombre et s'épanouit
dans la nouvelle lumière. Nous voyons les
« ballets russes », ayant décrit une étincelante
parabole venir se retremper à la source classique ; nous voyons une inquiétude omineuse
s'emparer de l'Opéra. Car un labeur énorme
s'impose à qui voudrait reconstituer le ballet
classique sur les bases de la vision théâtrale
moderne. C'est là ce qui importe aujourd'hui :
« et tout le reste est littérature ». C'est par
toutes ces raisons que je vous vois avec tristesse déserter la bonne cause à la veille de son
triomphe : mais j'ai tout espoir en votre instinct
d'artiste. Et si je vous écris avec cette franchise véhémente et si je publie cette lettre, c'est
que j'ai pour votre talent la plus grande estime
et pour votre sincérité la plus vive sympathie.

29 JUIN

LE GALA KARSAVINA

Que de fois, Karsavina, au cours de ces grandes soirées des ballets russes, votre souvenir
nous avait-il hanté et votre chère image s'était-
elle interposée entre notre vision intérieure et
les réalités du spectacle ! Et maintenant que
vous êtes là, j'hésite à reprendre ce jeu — qui
est notre métier à nous autres — de mêler avec
à propos des épithètes. Aussi que pourrais-je
bien dire de vous qui avez toujours été la danseuse des poètes, vous dont le nom suave s'est
fondu dans le rythme de tant de poèmes sou-
verains et de proses somptueuses ? J'aurais surtout voulu rester indéfiniment dans la salle
obscure à m'abreuver de cette délicieuse et
déchirante tristesse que nous cause malgré
nous le spectacle d'un être de grâce mêlé aux
décevantes et amères choses de la vie. Et, triste,
vous l'êtes aussi, Karsavina. Vous portez la vir-
ginale tunique de mousseline comme une robe
de deuil, de deuil blanc. Car vous ne sauriez
oublier la Russie.

Vous avez dansé au profit des intellectuels russes réfugiés en France. A cette tâche généreuse vous étiez appelée. Vous saviez à quel point nous tous vous portons dans nos cœurs. Vous rappelez-vous ce soir de novembre à Saint-Pétersbourg, où, dans ce sous-sol enfumé, qui était alors la résidence royale des Muses russes, l'élite de nos poètes et de nos peintres vous apporta son hommage ? De ces nobles jeunes hommes combien ne sont plus, fusillés par les infâmes, morts de faim et de désespérance : Alexandre Block, grand entre tous, Goumilev, qui ne cessait de vous louer dans ses vers tout en chevauchant par la Prusse orientale à la tête de ses hussards. Combien sont restés là-bas, parmi d'affreuses misères, cette Achmadova qui est la Karsavina de la poésie, le charmant Kouzmine vieilli, austère, absorbé par la Bible. D'autres encore sont dispersés à tous les mauvais vents de l'exil. Quelques-uns de ces écrivains exilés qui ont quitté la Russie pour mieux lui rester fidèles, mais qui s'étiolent, mais qui se meurent loin d'elle étaient venus vous voir mardi. — Quelle heure de joie, de consolation, d'orgueil leur avez-vous donnée, Karsavina vous qui apportez sur la scène quelque chose de notre âme à tous...

Je sais fort bien que je dois, à mes lecteurs, un compte-rendu et que, ces lecteurs, je ne les ai guère habitués aux effusions. Mais ils pardonneront (n'est-il pas vrai ?) au Russe que je suis, avec quelle douleur et avec quelle fierté, de remettre à plus tard l'analyse de cette « multiple spendeur » qu'est l'art de Karsavina. Comment m'y prendrais-je aujourd'hui, quand même les petits défauts familiers de cet art m'attendrissent comme une fleur sèche que j'aurais trouvée dans une lettre de là-bas ?

2 JUILLET

LES ADIEUX DES BALLETS RUSSES

Les Russes ont fait leurs adieux ; Karsavina les précédait ; vendredi, nous l'avons revue pour la dernière fois. Après Mme Tréfilova, « prima ballerina assoluta », après Mlle Niemtchinova, « étoile intérimaire », elle a dansé le pas de deux de *La Belle au Bois dormant*. On connaît cette faculté de Karsavina de créer autour d'elle une ambiance de rêve. Au point de vue métier pur, je n'ai pas beaucoup aimé l'« adage ». L'allure véloce qu'imprimait à l'orchestre le pétulant M. Ansermet (ah ! si ce diable d'homme avait inauguré la partition de Tchaikowsky à l'Opéra, cela aurait pu être une victoire !) déconcertait quelque peu la ballerine, la faisait précipiter les développés et les relevés sur la pointe en nous frustrant de ces adorables sensations que produisent tels « ralentis » et tel repos qui sont la poésie de l'adage. Car, dans un développé, c'est en suivant la pointe qui lentement trace, ayant touché la cheville, le segment de cercle qui l'amène à la grande

seconde, que nous éprouvons la satisfaction
esthétique inhérente à ce temps. Pourquoi, je
ne le sais pas encore. Mais ce qui distingue
Karsavina, c'est la grâce suprême de ces ports
de bras qui font d'une préparation à la pirouette,
qui est une nécessité mécanique, une chose de
beauté.

Elle a aussi dansé les *Sylphides* en restituant
à cet ouvrage son souffle lyrique. Qui oserait
après elle redanser la Mazurka : ces merveilleux jetés si amples et si vaporeux parmi l'envolée des mousselines et s'achevant en arabesques
vibrantes. Seule, Pavlova. Et comme les bras
accompagnent harmonieusement les temps sautés en tournant !

Vladimiroff a fait dans les *Sylphides*, le jeune
homme. Il a maîtrisé sa fougue de cosaque pour
danser avec une souplesse, avec une délicatesse
charmantes, en dessinant avec aisance les entrechats, en retombant sans bruit après de formi-
dables cabrioles, en achevant avec un aplomb
stupéfiant des séries de pirouettes. Ces poses
sur les demi-pointes sont fort belles par le jeu
harmonieux des muscles et le sentiment de l'ensemble plastique. Ceux qui n'ont vu qu'à l'Opéra
ce danseur inégal, mais capable des plus
grandes choses, le connaissent à peine. J'évite
les nomenclatures fastidieuses, mais il serait
injuste de ne pas mentionner le succès éclatant
de Mlle Niemtchinova (pointés fort remaquables,
beaucoup de verve) ; celui non moindre de M. Idzi-

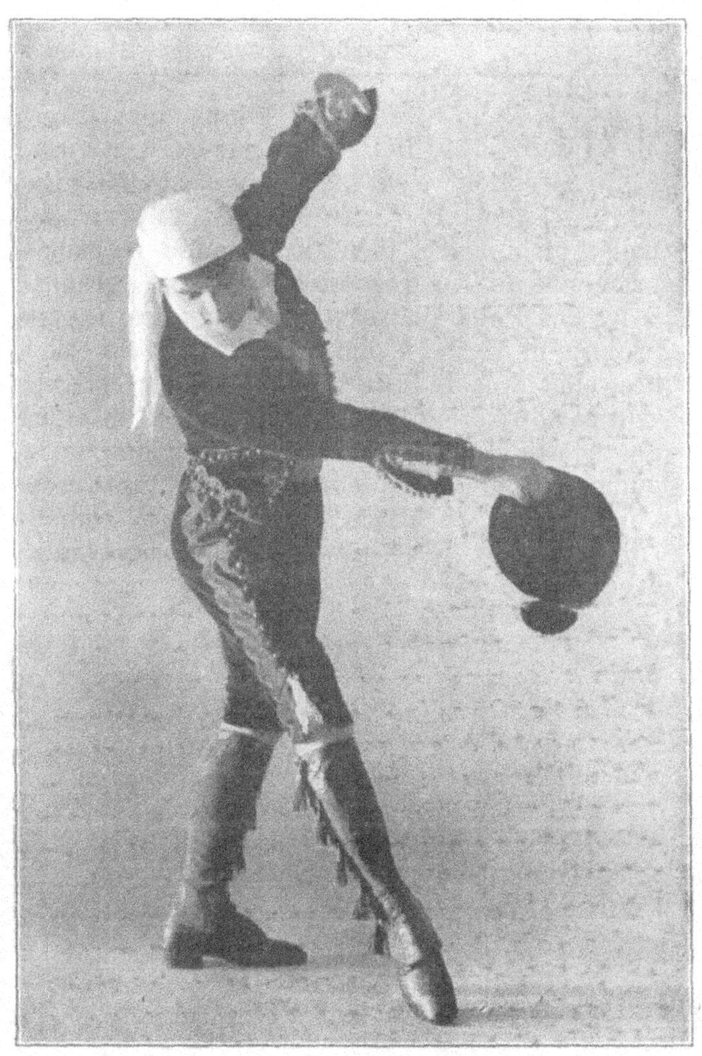

M. Gustave RICAUX

kovsky, le bon métier « acamédique » de Mmes Egorova et Chollar, le parti que sait tirer Mme Tchernitcheva de sa belle personnalité scénique, et certains « anonymes » du corps de ballet qui font très bien. En somme, le cadre grandiose de l'Opéra, témoin des plus grands jours des Ballets russes, dépassait quelque peu les besoins véritables de cette compagnie célèbre, mais très réduite aujourd'hui (ce qui ne veut pas dire diminuée). Et c'est dans l'intimité du théâtre Mogador, moins solennel, que nous pûmes goûter véritablement cette « chorégraphie de chambre » dont *Les Femmes de Bonne Humeur* et *Le Spectre* sont de bien attrayants exemples.

10 JUILLET

LE RÉPERTOIRE : « SYLVIA »

L'on sait que la donnée de *Sylvia* date de
plus de trois siècles ; ce grand vent d'Italie qui,
chaud et parfumé, souffla sur la France aux
temps de Ronsard, l'apporta comme une graine
de fleur. Et jamais, depuis que cette graine
germa, le mélodieux balbutiement de la première « fable bocagère » ne se tut complètement.
L'Aminta du Tasse, suave berger à houlette
fleurie qui modula sa tendre et extravagante
complainte d'amour devant les « femmes savantes » de la cour de Ferrare — ce petit Trianon avant la lettre — suscita tout un monde de
fiction dont le maniérisme baroque et la rusti-
cité de convention se montrèrent plus durables
que mainte réalité solide. Aussi dès le xviii⁰ siècle le ballet s'était emparé de ce sujet et l'on
vit, vers 1768, à Fontainebleau, Sylvia, affublée
de lourds paniers que le fameux Louis Boquet
imagina pour elle, menacer de sa flèche dorée
Aminta au masque rosé sous la perruque bou-
clée. Qui s'étonnerait dès lors que le Second

Empire, ressuscitant à sa manière le rococo, eût reprit également ce sujet inusable où la préciosité, voire l'afféterie du style pastoral, la mythologie minaudière et enrubannée s'allie à un souffle de lyrisme passionné, à une langueur sensuelle pleine de charme. Et cette *Artémis troublée* qui vient d'être créée à l'Opéra n'est-elle pas une transposition du premier acte de *Sylvia* dans un esprit d'ironie et de rêverie rétrospective ?

Or l'histoire de la nymphe farouche qui aima le berger Aminta pour avoir essayé de le tuer eut la chance de tenter Delibes et lui inspira cette partition qui, aujourd'hui, affronte avec aisance le voisinage d'une œuvre de Mozart. « Inspira », c'est bien le mot, car la vivacité de l'invention mélodique, jaillissante, facile, infiniment aimable, nous captive encore un demi-siècle après la création de *Sylvia*.

C'est M. Staats qui, en 1920, régla ces « jeux rustiques et divins » ; ils l'avaient été naguère par le célèbre Mérante. Il a réalisé là une « partition de danse » qui compte. Constatons sans aigreur que dans cette œuvre de longue haleine, très abondante, se trouvent des choses anodines, sans grande originalité ; certains ensembles, des dansés de satyres qui font rêver avec mélancolie, au premier acte du *Narcisse* de Fokine, un pas d'Éthiopiennes d'un exotisme pauvret ; constatons encore une certaine indécision dans le choix d'un style défini, l'usage trop prudent des ressources de la danse classique dans les « ballabili » ; ceci posé, admirons sans restrictions les trouvailles heureuses, la bonne et honnête besogne accomplie par le maître de ballet.

Il y a là, avant toutes choses, ce pas fringant, piaffant des nymphes chasseresses qui est une *Chevauchée des Valkyries*, courue à la française. Ce n'est pas là l'allure pathétique, saccadée et lourde du noir coursier Grane, escaladant les cieux, c'est un galop court, nerveux, sautillant, que Staats conduit sans lâcher les rênes. Et le mouvement d'ensemble culmine dans cette étourdissante entrée de Sylvia : ah ! ces caracoles, ces petits sauts latéraux de la nymphe sont bien jolis, pétillants d'esprit, de grâce mutine. Aussi, c'est Carlotta Zambelli qui est en scène, amazone et monture à la fois.

Qu'y a-t-il encore à dire sur Mlle Zambelli après vingt ans de succès, me demandera-t-on ? Mais on n'a jamais fini de parler d'elle, comme on n'aura jamais fini de l'admirer.

Cette netteté, cette acuité élégante avec lesquelles elle trace dans l'espace le réseau enchevêtré des lignes idéales ne sauraient lasser le spectateur. La beauté tectonique de ses poses, leur agencement plastique est de même très aigu et très pur ; elles valent, ces poses, non par les grandes lignes droites qui font du corps, une flèche dardée dans l'infini ou par les courbes puissantes, mais par le jeu des angles aigus et des mouvements parallèles et opposés. L'aspect suprême de la Pavlova serait l'*arabesque*, vue de profil ou de trois quarts. Celui de Zambelli l'*attitude*, vue de face. Et cela me fait songer à ces attitudes sur la pointe alternant avec des entrechats, qu'on voit dans *Sylvia*, avec quel plaisir ! Les temps sur la pointe — le fameux pizzicato en est exclusivement composé — sont d'une précision infaillible. L'accompagnement des bras juste et sobre. Que j'aime cette retenue, cette pureté adamantine ; cette conscience claire qui fait le corps se mouvoir comme un instrument de précision, avec une perspicacité et un esprit de finesse à toute épreuve. Le poignet est soutenu, la main étant un élément fixe d'un ensemble cohérent.

Quand Isadora Duncan « affranchit » la main, on cria au prodige ! C'est que la majorité du public hait inconsciemment les exigences impérieuses de l'art. Et récemment nous avons vu Mlle Nijinska, qui fait grand, même quand elle se trompe, laisser, dans une variation de Petitpa, complètement aller le poignet qui se démène comme une chose désarticulée ; quelle erreur !

On reproche couramment à la danse classique d'être une danse des jambes. Le besoin d'anarchie est, chez certains, tel qu'ils voudraient voir les bras danser de leur côté ! Evidemment il existe des temps de vigueur où toute l'attention est attachée aux jambes, au jeu du coup de pied, au taqueté des pointes, qui s'as-

semblent et se décroisent ; le torse rigide, à
peine épaulé, les bras tombants, restent au repos. Je me rappelle d'ailleurs un pas *sauté*, avec
les bras *croisés*, dans l'*Esméralda*, de Jules
Perrot, telle qu'on l'a donné à Pétersbourg, et
où cette « abstention » est du plus grand
effet...

Chez Zambelli, la maîtrise du port de bras
est complète. Elle lui permet, dans un geste
beau entre tous, de tendre, agenouillée en face
du public, un vase d'argile à Orion debout derrière elle. Mais je m'aperçois que j'ai « lâché »
M. Staats pour Mlle Zambelli ! Cependant il a
arrangé au dernier acte, quand tout le monde
est ressuscité, un adage fort beau où Zambelli
exécute des triples tours étincelants, mais surtout cette variation de Sylvia et Aminta qui me
ravit. Les mouvements simultanés et identiques
du danseur (M. Ricaux) et de la danseuse, action
parallèle de deux forces, gagnent infiniment en
portée. Et quand le couple se désenlace et chacun tourne à l'extrémité opposée d'une diagonale départageant le plateau, ces deux tourbillons isolés remplissent la scène d'un beau ver-
tige dionysiaque.

Dans le ballet de *Sylvia*, les protagonistes
absorbent presque tout l'intérêt ; Mlle Daunt
(Diane), Mlle de Craponne (Amour) en sont ré-
duites à des figurations peu importantes ; la
promenade rythmée de Mlles Delsaux et Franck,
Thalie et Terpsychore, qui traversent ensemble

le proscénium, est bien harmonieuse, mais ce n'est qu'un instant.

Le décor de M. Dethomas, dont la noblesse sévère ne va pas sans une certaine morosité, affecte un caractère éminemment linéaire, volontairement graphique. Le temple et le portique du dernier acte ne sont point conçus en trompel'œil ; ils sont franchement découpés à plat. Serait-ce là un symptôme de la répugnance croissante des peintres d'aujourd'hui pour les subterfuges de l'illusionnisme pictural ; un acheminement vers le décor achitectural qui hante et féconde de nos jours tant d'imaginations ?

14 JUILLET

« LA MALADETTA »

Il vous fallait à tout prix un ballet classique,
ricane-t-on autour de moi. Eh, bien,. vous êtes
servi : on nous a flanqué la *Maladetta*. — Ne
me plaignez pas trop, mesdames, car je ne suis
aucunement fâché d'avoir vu la chose. Et sur
cette chose ce ne sont pas les railleurs qui auront le dernier mot. Sans doute, je constate
avec vous que la conception scénique de ce ballet porte l'empreinte de la plus basse époque
du siècle dit « stupide ». J'admets que le sujet
est une vieille rengaine romantique usée jusqu'à
la corde par soixante ans de rebâchage. Je ne
nie pas avoir trouvé le panorama des montagnes
grotesque, les « bandes de ciel » navrantes et les
costumes d'un mauvais goût sinistre. Et je
n'oserais prétendre que la partition m'eût causé
des sensations inédites.

Ceci dit, et c'était mon devoir de le dire,
j'avoue avoir passé une soirée heureuse et ins-
tructive. Il est si rare, aujourd'hui, de voir danser dans un ballet ! Et voilà qu'après un pre-

mier acte où les tribulations pantomimiques dominent, M. Staats nous offre au deuxième un concert de danse fort complet, où l'on voit un corps de ballet nombreux évoluer avec ampleur et précision sauf quelques ruptures de l'alignement. C'est que ces vastes et symétriques mouvements de masses asservies à une volonté unique n'admettent aucune velléité individuelle ; vue d'une avant-scène des quatrièmes loges, la disposition des danseurs doit se montrer pareille à un tracé planimétrique.

Vraiment, je dois beaucoup à ce spectacle. J'ai pu apercevoir Mlle Zambelli sous quelques aspects nouveaux où la simplicité extrême de la facture mettait en lumière la délicatesse rare de l'exécution. Tel le pas de la cruche, discrètement accompagné par l'assistance frappant du pied la mesure : ce pas figure la recherche de l'équilibre par un mouvement ondulé des bras à la seconde ; commencé sur la plante, il continue sur les pointes. Il n'y a rien, aucun luxe de temps ardus et brillants ; magnifique dénument, abdication volontaire ! Et ce n'est là qu'un exemple.

Je dois à la *Maladetta* d'avoir pu mieux connaître le grand style noble de Mlle Schwarz, sa technique puissante sans ostentation ; sérénité marmoréenne opposée à la nervosité élégante de Zambelli. S'il faut absolument que je reproche quelque chose à la Lilia de mercredi, c'est la façon quelque peu abrupte d'achever tels enchaî-

nements de temps rapides, tels que déboulés, en
s'arrêtant dans une position qui n'est pas définitive et en rétablissant, l'aplomb après coup.
Mais chercher querelle à une telle artiste n'est-ce
pas confirmer son admiration ? Je dois encore
à la *Maladetta* d'avoir pu apprécier dans une
merveilleuse variation sautée les grandes qualités de Mlle de Craponne, l'élan et le ballon de
ces bonds, les belles courbes arrondies de ses
mouvements tournants. Dans les temps d'adage
du grand ensemble, dont Mlle Dauwe, et elles
sont les protagonistes, dans les développés en
arabesque, il y avait bien quelque précipitation
et incertitude ; en somme M. Staats sacrifie un
peu les adages ou plutôt se désintéresse des parties statiques de la danse ; il préfère ostensiblement le presto vivace.

A peine commencée la « saison française » a
puissamment contribué à la réputation de
M. Ricaux, bon danseur avec des éléments de
virtuosité réelle et, en outre, un sentiment vif
du caractère ; aussi le « jeune premier » de la
pièce faisait à côté de lui assez piètre figure.
Bref, Mesdames, ces impressions-là, je ne les
échangerais point contre le plus savoureux décor exotique ni contre tous les délices des « hétérophonies » savantes. Car ce sont là des lois
essentielles de la beauté qui se révèlent à nous
par le langage des formes classiques. Que de
choses dans un « menuet », s'exclamait, selon une
anecdote souvent citée, le grand Dupré: Énor-

mément de choses, me disais-je, quant à moi, en suivant du regard le *Menuet* de Mlle Schwarz dans la finale du ballet de M. Vidal. Et vraiment, j'en oubliais toutes les incongruités d'une action factice et désuète.

31 JUILLET

NOTES DE VACANCES
SUR QUELQUES SOUVENIRS DE LA SAISON

Me voilà à quinze cents kilomètres du Foyer
de la Danse, au bord d'une mer crépusculaire
couleur de pêche, face à un promontoire violet,
le tout figurant assez bien une idylle marine de
Maurice Denis. *Comœdia* même ne m'atteint
plus dans ma lointaine Thébaïde. Cependant,
tout en cheminant le long de l'étroite plage beige,
parmi l'ennui pesant des après-midis d'été,
je me prends à songer aux choses vues et à imaginer des choses à faire. Et comme le ciel sombrement se couvre, je revois parmi les nuages
fuyants comme un coin du décor de Maxime
Dethomas, les premiers coups de vent me ramènent en pleine « chasse royale » ; et je ne
sais plus si c'est la brise fraîche ou le rythme
violent de Berlioz qui me pousse rudement et
arrache mon chapeau.

C'est que le fameux intermède musical des
Troyens, je l'avais entendu à l'Opéra la veille

de mon départ. Entendu et *vu*, quoique cette constatation sonne étrangement à l'oreille.

Maurice Ravel intitula une de ses œuvres récentes : *Valse chorégraphique*. Un tel titre autorise et appelle l'interprétation plastique, l'incarnation par le danseur. Au concert, l'œuvre, avec toutes ses beautés, reste, du moins selon son créateur, incomplète.

Berlioz, théoricien très conscient, appela son interlude : *Symphonie descriptive*. Il entendait donc que sa musique se suffise à elle-même. Que dis-je ? Son ambition dépassait le domaine musical. Il voulait *peindre*, suggérer des illusions optiques, évoquer une vision. Aussi la symphonie s'intercale-t-elle dans l'action chantée comme un épisode autonome et fermé ; c'est là un entr'acte pendant lequel l'orchestre lutte à lui seul avec tous les enchantements du théâtre. Raisonnablement, on devrait l'exécuter dans l'obscurité qui concentre l'attention et stimule la faculté imaginative.

Ecouter devant un rideau baissé cause un certain malaise. Au besoin, on pourrait remplacer ce rideau par un grand panneau décoratif. Diaghileff a pratiqué cette méthode pour certains fragments de Rimski-Korsakoff. La composition du beau décor de M. Dethomas, concentrée, simplifiée, synthétisée, pourrait en fournir les motifs. Mais, évidemment, cela ne serait qu'un pis-aller plausible. Le maître des *Troyens* avait voulu que l'orchestre assumât la totalité de la tâche. A l'Opéra, on en a jugé autrement ; on a voulu étayer cette musique par les réalités palpables du spectacle ; on n'a pas eu confiance et on a voulu renchérir. Donc on a *dansé* la chasse, ou plutôt *marché*, *couru* et *posé* en musique. Et voilà qu'en considérant toute cette vaine et prétentieuse agitation, je me suis persuadé une fois de plus qu'en *ajoutant* quelque chose à une œuvre *complète* on *l'amoindrit.*

D'ailleurs, je l'ai toujours cru. Ainsi, même le charmant ballet de Fokine, élégant et narquois, amoindrit le *Carnaval* de Schumann, masque de dentelles devant une face tourmentée de rêveur inassouvi et tragique. Chez Fokine, on n'entrevoit rien derrière le masque ; mais au moins, le point de la dentelle est-il d'une finesse rare.

Par contre, l'insuffisance chorégraphique de tout ce qu'ont pu imaginer Mlles Pasmanik et Howart est patente. Il y a bien quelques groupes assez joliment équilibrés ; il faut d'ailleurs attendre patiemment qu'ils prennent position. Quant aux mouvements qui relient ces repos, ils sont par trop rudimentaires et monotones ; le fait de leur parallélisme rigoureux avec le rythme musical ne suffit pas à les saturer de significations plastiques, d'une dynamique puissante.

Le fait est que, dans une œuvre de danse, la conception plastique et mécanique devrait pré-

céder et déterminer les formes de l'accompagnement musical. Elle devrait être de même
secondée par une technique adéquate, un langage de formes aux ressources vastes et éprou-
vées par l'expérience.

La rythmique, discipline auxiliaire de l'enseignement de la danse, voudrait en vain suppléer à ce langage par quelques idiomes em-
pruntés au faux hellénisme de Duncan, par la
blancheur plâtreuse des tuniques à l'antique. Si
cette usurpation ne sombre pas lamentablement, c'est qu'elle dispose d'un personnel dont
une partie a dix ou quinze ans d'éducation *classique* dans les os. Car une danseuse classique,
monstre charmant, modelé par l'exercice, placé
en dehors, aux muscles disciplinés, au sens de
l'équilibre aigu et sûr, peut tout subir et tout
oser sans déchoir. Ainsi Mlle Daunt, protagoniste
de la *Chasse*, peut-elle s'offrir le luxe de faire
de la rythmique. Quoi qu'elle fasse, la *danseuse*
transparaît.

Cependant, ce vide apparent, ce néant plastique semble préoccuper les auteurs ; ils y cherchent des remèdes en affectant une certaine symétrie de mouvements simultanés et uniformes. Et
qui sait si, en multipliant ces recherches d'unité,
en amplifiant leurs procédés techniques, en codi-
fiant leur expérience, les rythmiciens n'abouti-
ront point un jour, dans une vingtaine d'années,
à la danse classique. On serait bien content de
leur épargner le chemin. S'ils peuvent faire de

nos danseuses des musiciennes, je les en félicite. Mais l'idée de se substituer aux danseurs
n'est pas heureuse.

Tout ceci à propos de la *Chàsse*. Celles
qui ont cru devoir la régler me font songer à
ces gosses qui mettent des moustaches aux
bonnes femmes de Capiello dans les passages
du métro. Seulement, je passe cela à Gavroche,
parce qu'il blague. A l'Opéra, quand on arrange
Berlioz, c'est sérieux.

Phot. VALÉRY

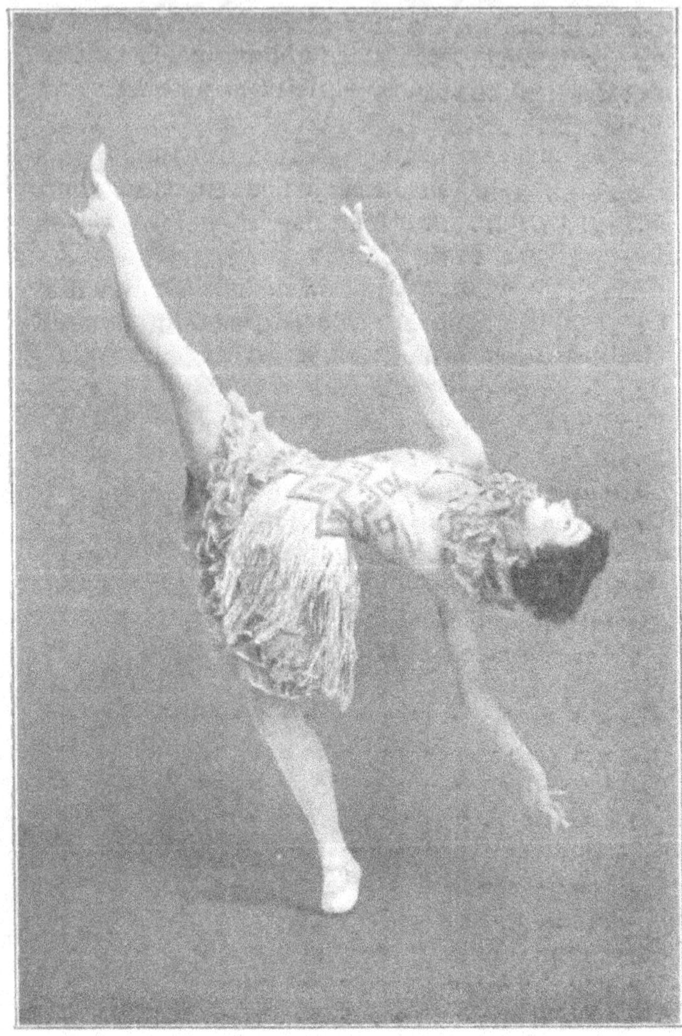

Miss NINA PAYNE

18 SEPTEMBRE

JE FAIS L'ÉCOLE BUISSONNIÈRE

Si j'affronte un ballet d'opéra avec ce sang-
froid que nous donne une longue expérience,
j'avoue approcher les jeux frivoles du music-
hall avec une déférence qui va jusqu'à la timi-
dité. C'est que, du haut de ce tréteau, qu'il
s'appelle « Olympia » ou « Gaîté-Montpar-
nasse », quarante siècles, et plus, nous regardent. Et ce n'est pas là une image purement
hyperbolique et burlesque. Nulle part la tradition séculaire, millénaire, insondable, ne persiste avec une évidence pareille. Considérez
n'importe quelle diseuse ; la manière dont elle
s'avance vers la rampe, puis oblique à reculons
et revient vers le premier plan à quelques pas
de là ; cette manière pourrait être réduite à une
formule géométrique rigide, invariable de pays
à pays, d'époque à époque ; le saut périlleux de
l'acrobate fantaisiste de nos jours est exactement préfiguré dans les manuels de gymnastique des voltigeurs italiens de la Renaissance.
Quant à ce pas de chahut, ce mouvement de la

jambe tendue, violemment projetée en avant à la hauteur des yeux, mouvement que les dancing-girls anglaises, bataillons d'anges pervers, ont emprunté aux quadrilles français, aux Grille d'Egout et aux Nini Patte-en-l'air, ne se retrouve-t-il pas identique, mais transfiguré par je ne sais quelle hiératique grandeur dans les bas-reliefs mortuaires des tombeaux royaux de Sakkarah? A juxtaposer ces faits plastiques que plus de quatre mille ans et l'écroulement de plusieurs civilisations séparent, on ne pourrait évidemment conclure à une continuité ininterrompue. On se prend plutôt à conjecturer l'existence d'un fonds impérissable de formes chorégraphiques, formes dont la configuration est essentielle, immanente à la danse, tandis que leur signification se modifie à l'instar des changements de sens que subissent les mots d'un langage. Un « baron » avait suivi les aigles romaines en qualité de soldat du train ; sur cela, trois siècles ou quatre passent, et nous le retrouvons, grand chef de guerre, chevauchant à la tête des preux de Charlemagne. C'est ainsi que l'ample mouvement des pleureuses de Pharaon apparaît, provocant et impudique sur les planches du music-hall. Le geste reste le même ; seul son symbolisme s'est singulièrement transformé.

Donc, le café-concert apparaît comme la citadelle d'une tradition complexe et durable ; ces effets reposent sur des procédés ratifiés par une foule cent fois renouvelée de spectateurs, sur l'atavisme du muscle et de l'esprit nourris par une séculaire expérience. Aussi la routine le guette. Mais peut-on parler de routine dans un domaine qui admet toutes les audaces, toutes les recherches auxquelles la morgue ou la moralité des théâtres littéraires ou lyriques se refuserait ; dans un domaine où la plus haute conscience apportée à l'exécution d'un « truc » est souvent, comme dans le cas de l'acrobate, question de vie et de mort ?

Le music-hall est donc un laboratoire, en permanence de recherches théâtrales dont les grandes scènes, voire surtout le cinéma, finissent par profiter. C'est à l'humble acrobate excentrique que l'ineffable Charlot emprunte sa technique, sinon son génie. Et les gants noirs d'Yvette Guilbert ne datent pas moins dans les fastes de l'art dramatique que le manteau d'Hamlet ou le cothurne de Roscius.

Mais les grandes scènes payent, fait aussi regrettable que paradoxal, leur dette en leur monnaie courante. Le music-hall, quelquefois, glane où le théâtre a passé. Ainsi cette scène de la *Conquérante* que j'ai vue aux Folies-Bergère — car ce sont deux visites successives à ce séjour champêtre qui m'ont fait m'écarter du droit chemin qui mène à l'Opéra — n'est autre chose que la *Cléopâtre* des ballets russes de 1909, Cléopâtre déchue, s'entourant d'un luxe plutôt compromettant. C'est là, me semble-t-il, la déchéance du music-hall. Car, pour se mesurer au théâtre, le music-hall dispose d'une arme bien plus puissante que l'imitation : celle de la parodie.

Cependant, je ne me donnerai pas le ridicule de faire une apologie du music-hall. D'ailleurs, il ne saurait qu'en faire. Les sympathies et les curiosités des hommes de lettres ne vont que trop à lui ; même j'en pâlis. Charles Nodier et Jules Janin avaient naguère découvert la pantomime aux Funambules, Théophile Gautier fit les honneurs du feuilleton aux chiens savants, et les Goncourt exaltèrent les clowns anglais ; Huysmans inaugura l'ère du music-hall. Un jour, on a vu Stéphane Mallarmé, esthéticien de l'absolu, crayonner, dans un fauteuil des mêmes Folies-Bergère, ses aperçus lumineux sur les danses dites serpentines de la Fuller. Depuis, tout le monde a suivi. Or, je frémis en constatant le fait. Car dès que le music-hall se laissera contaminer par des velléités littéraires et « artistes », dès que le jongleur permettra des vues étrangères à son antique métier obscurcissant sa candeur professionnelle, c'en sera fait de ce genre jusqu'ici inusable. Je ne crois pas que nous autres, littérateurs, musiciens ou peintres, ayons grand'chose à enseigner à un maître du trapèze ou bien à ce modeste mime que j'ai vu, l'autre soir, figurer un pochard avec une « maestria » à toute épreuve. Le devoir qui incomberait plutôt au critique c'est de signaler à ces simples le danger et de les ramener vers leur domaine traditionnel. La littérature a, ou je me trompe fort, déjà ravagé le film en prétendant le relever. Que le music-hall au moins soit épargné !

Mais j'aperçois que je tourne autour de mon sujet, qui est, comme l'on s'en doute bien, une danseuse. Quoique fameuse, je n'avais jamais vu Mlle Nina Payne ; maintenant, je l'ai vue et revue. Il est vrai qu'à considérer le programme on est prêt à croire que c'est là une danseuse littéraire, matière à copie plutôt que « performance » remarquable. Mlle Payne prétend être le girl de demain. Justes dieux ! Elle aura lu *l'Ève Future* : elle paraphrase Villiers de l'Isle-Adam... De plus, elle prétend présenter, en juxtaposant avec désinvolture deux méthodes contradictoires, des danses cubistes et dadaïstes. Mais laissons cette fumisterie — ou bien cette boutade ironique — et voyons Nina Payne à l'œuvre.

Grande, aux épaules larges, aux hanches étroites, au sourire éclatant, l'Américaine apparaît une splendide créature, issue d'une race sportive et virile. Ayant rejeté un étrange couvre-chef de forme cylindrique (cela doit être çà son « cubisme ») elle secoue une brève et blonde crinière de jeune moustang. Puis, elle danse. Sa technique, assez restreinte, mais très sûre, est plutôt celle de l'acrobate que de la danseuse. Avec aisance, elle fait le « grand écart », projette sa jambe à décrocher les étoiles, en fait virevolter le bas autour d'un genou qui semble désarticulé. De ses talons sonores elle marque avec dextérité la cadence « entravée » du jazz. Ayant épuisé ces moyens, elle esquisse un pas « à quatre pattes » ; et même dans ce réjouissant galop de singe, la femme reste belle.

C'est là le prologue. Elle revient suivie de son jazz-band, de blanc vêtu et constellé de rouge ; les musiciens escaladent le plateau. Et voilà qu'un jeu ou bien une lutte se déroule entre la danseuse et l'orchestre. Chaque musicien s'identifie, pour ainsi dire, à son instrument ; chaque instrument révèle un tempérament individuel : c'est lui qui semble entraîner l'homme.

Devant le trombone agressif et lubrique, la Nina se reprie gouailleuse et alerte ; suffoqué, il abandonne la poursuite. Déjà elle s'alanguit aux insinuations du violon. Et elle écoute, ébahie, la querelle de la clarinette et de l'inlassable trombone. Enfin, quatre hommes-instruments l'emportent, triomphante, juchée sur une chaise à porteurs dont les brancards sont formés par ses jambes écartées, tandis que le trombone fait une dernière fois paraître de derrière le rideau son insolent nez d'argent et pousse un dernier hoquet.

Ce débat de la femme avec les voix, ce dialogue des mouvements avec les sons m'ont procuré le plus franc plaisir. Dans l'exécution,

habile sans dénoter chez la danseuse un « training » de virtuose, rien de guindé, de forcé. Tout
se produit avec une aisance discrète. Même en
faisant la roue, Miss Payne reste « ladylique ».

Or, je ne sais pas, n'ayant pas vu le reste de
son répertoire, si c'est là le fond de son sac.
Je ne sais de quelle manière elle échappe à une
certaine pénurie de ressources gymnastiques.
Mais sa conception est juste : mouvement exa-
géré et fantaisiste, corsé par l'humour d'une
action bouffonne. Car l'hyperbole du geste
appelle naturellement le rire.

Une acrobatie à intentions sentimentales,
voire tragiques, me paraît par contre erronée,
détestable. J'ai vu, cet été, danser à l'Olympia
un couple français, Mitty et Tillio. Leur réputation est considérable et, ma foi, méritée.
L'homme, grand, beau assoupli par l'exercice
classique, très maître d'une force musculaire
peu commune, au souffle remarquablement
réglé. La femme, fine, le corps comme forgé à
l'enclume, sait se faire impondérable au bras de
son danseur qui la manie comme une poupée
de liège. Mais voilà : ces bons acrobates sont
affligés de la manie théâtrale. A l'aide d'un com-
parse arborant un turban oriental, ils transforment leur « entrée » en un sketch de *Schéhé-
razade*, exotique et sanguinaire. Et quand
l'homme fait le moulinet avec le corps de la
danseuse, c'est un accès de jalousie furieuse
qui est censé déterminer ce jeu de scène exhi-

larant. C'est ainsi que l'épanouissement libre du muscle, le jeu harmonieux de la force disciplinée sombre dans le ridicule prétentieux du mélodrame acrobatique et d'un exotisme de rebut. Décidément, seule l'invention comique s'adapte heureusement au génie acrobatique — que ce soit l'humour anglo-saxon ou la verve gauloise du forain français.

Mais en voilà assez de braconner sur le terrain de mon excellent collègue M. Fréjaville, qui sait soumettre les futilités présumées du music-hall à une analyse sagace n'excluant point l'enthousiasme. Et si j'ai pataugé quelque peu, il me tirera d'affaire.

25 SEPTEMBRE

RADEN MAS JODJANA, DANSEUR CLASSIQUE

De ces danseuses cambodgiennes, que nous
n'avions qu'entrevues, minuscules et distantes,
sur le plateau de l'Opéra, il nous était resté,
avec le souvenir d'une aventure prodigieuse, ce
malaise salutaire que nous cause l'évidence
bien nette de notre infériorité. Ce souvenir
s'étiolant peu à peu, le javanais Raden Mas Jodjana, qui vient de danser pour quelques invités
dans un atelier de la rive gauche, est venu
renouveler, quelque chose de cette joie et ravi-
ver les mêmes préoccupations. Mas Jodjana,
fils d'un haut et puissant seigneur de son pays,
fut — éducation de prince — instruit, dès l'âge
de douze ans, dans l'art de la danse. Ayant participé aux divertissements solennels dont la
cour de l'empereur de Solo a conservé la tradition, il a passé en Europe avec l'ambition de
faire connaître à l'Occident l'art de sa race,
cette race si altière et si rêveuse que nous ne
connaissons que par les romans d'aventures de
Joseph Conrad, le grand écrivain anglo-slave.

Donc Jodjana a incarné, selon des procédés élaborés au cours des siècles, certains chapitres de la Légende Dorée de son île, certaines fictions du mythe bouddhique. Il a été le tjantrie, jeune clerc, hésitant entre la contemplation et l'appel de la vie, le dieu-berger Krishna à la flûte enchantée, Vishnou qui descend de son trône de lotus pour mater les esprits mauvais. Il a été encore ce roi de la légende dont la fatuité se complaît à toutes les coquetteries de la toilette et dont la démarche est pareille à celle du paon, symbole de l'orgueil imbécile. Or les modes de figuration que ce jeune homme utilise n'ont rien de commun avec la gesticulation désordonnée et violente d'une pantomime naturaliste. Tous les mouvements imitatifs ou révélant une sensation sont réduits à des formules plastiques fixes, à leur forme-type ; ces mouvements ne réalisent pas l'action ; ils la symbolisent. Cependant ce langage de convention —où rien de fortuit ou d'improvisé ne participe — apparaît logique et limpide. Et en même temps le vocabulaire de ce langage est si riche, les nuances si parfaitement différenciées, que la perfection de cet art, où tout est prévu, voulu, n'apparaît jamais monotone. Aussi éprouve-t-on, à considérer ces danses où tout geste est essentiel, toute pose modelée pour l'éternité, une profonde satisfaction intellectuelle.

Tous les mouvements de l'acteur étant as-

treints à un rythme, la pantomime devient
danse. Ce rythme est accusé par la mélodie
musicale, répétition continue d'un thème simple
et très bref, comportant quatre ou six notes au
plus. Au début d'une danse, le prince Jodjana
se place bien en face, — les pieds ainsi que les
genoux légèrement infléchis, — tournés en
dehors, à la seconde position. La face, pareille
à un masque au relief très bas, reste impassible ; le regard fermé, absent. Il commence un
mouvement en s'appuyant sur la jambe gauche
pliée et en tendant l'autre ; il porte son torse
à gauche et imprime au bras un mouvement
qui, tantôt se réduit à faire jouer le poignet,
très souple, tantôt se détend dans une courbe
pathétique. Ceci fait, le danseur porte le centre
de gravitation à droite et réitère le mouvement
identique ; cette figure de danse dédoublée se
répète plusieurs fois, en série. Et dans les intervalles Jodjana fait, d'un geste, flotter les
bouts de l'écharpe de soie qui lui ceint les reins
variant par l'envolée de l'étroit tissu l'allure
monumentale de sa danse. Puis il s'avance,
statue gardant son aspect frontal ; car il marche
« en dehors » sur les plantes, s'appuyant surtout
sur les talons, ce qui lui permet de marquer le
rythme avec les doigts. Cette même disposition
symétrique est maintenue dans les bonds de
sa danse de dieu guerrier. Mais le jeu du bras,
du poignet, des jambes n'épuise point ces ressources. Il tourne et roule son cou ; il s'élève

par petites secousses sur la demi-pointe. Telle se dessine, en somme, sa technique, qui détermine et limite les modes dynamiques de sa danse ; quant à la beauté décorative du geste symbolique, elle est celle des Bouddhas du temple de Borobada.

Ceci posé, j'avoue ne pas avoir eu la sensation de me trouver en présence d'un sujet hors ligne, d'une personnalité forte. Il y a même dans le « débit chorégraphique » du prince quelque chose d'un peu saccadé, d'intermittent, — tout à fait étranger à ces deux petites divinités Khmères qui s'appellent Yth et Trasoth et qui incarnent le plus pur génie de la danse asiatique...

Alors pourquoi tout ça, me direz-vous, pourquoi tout ce bruit à propos d'un « moricaud » ?

Pourquoi ? Parce que ce jeune féodal javanais est un *danseur classique*. Qu'est-ce à dire ? Mais cela veut dire qu'il est quelqu'un qui met une gymnastique appropriée au service d'un langage de formes plastiques fixe et complet ; qu'il est, de plus, quelqu'un qui subordonne avec décence l'expression de sa sensibilité intime à la loi d'un rythme, au lieu de le briser, ce rythme, par les effusions anarchiques d'une émotivité hypertrophiée. Oui, Raden Mas Jodjana, vous êtes un danseur classique, la terreur des dilettantes, des dalcroziens, des exotisants, des costumiers, des perruquiers, des archaïsants des préraphaélites, de tous les déracinés qui accaparent le théâtre. Cela ne vaut pas moins, croyez-le, que d'être radjah régnant.

Figurez-vous, Raden : nous possédons aussi des danseurs classiques. Il est vrai que vos confrères d'Occident ne disposent point de ce langage symbolique du geste ; ils ont bien une méthode traditionnelle de mimique mais bien pauvre, bien caduque, de plus en plus négligée — comme de raison. Mais, par contre, ils jouissent d'un système gymnastique d'une ampleur, d'une variété, d'une perfection sans pareilles ; car le génie occidental qui a élevé les cathédrales gothiques et rythmé les tragédies de Racine, a aussi inventé la danse sur la pointe, la danse d'élévation et a su par le simple linéament d'une arabesque, darder dans l'espace tout ce que l'âme humaine porte en soi de ce tourment de l'au-delà qui nous grandit. Mais ne croyez pas, prince, que ces danseurs qui, dans un espace idéal, tracent ces grandes lignes abstraites, soient honorés par les lettrés et craints par les intrus. Tu te tromperais. Le babou à bésicles leur fait la leçon et le paria du boulevard croit pouvoir les persifler. Et si l'aveugle leur préfère décidément son ami le paralytique, qui s'en étonnerait ?

4 OCTOBRE

LE BALLET DE « MANON »

On a choisi le Ballet du Roy — que les librettistes de *Manon* ont si témérairement fait figurer dans l'acte du Cours-la-Reine — pour les débuts de Mlle Soulé, nouvelle recrue fournie par l'Opéra. Dans ce bref intermède « rococo » elle fit, en somme, bien ; on applaudit ses entrées joliment agrémentées de tous ces petits mouvements battus, frappés, frottés — rocaille chorégraphique, fusant en étincelles autour de ses talons coquettement surélevés ; et l'on ne fut nullement insensible à sa jolie personne.

Quant au rythme, sut-elle toujours l'observer scrupuleusement sur ce plateau exigu, d'ailleurs très encombré ?

Faire danser un menuet, un passe-pied ou n'importe quel pas de l'époque des paniers et des tonnelets entre deux haies de choristes, quelle gageure ! Il faut pour ces danses bien de la marge, car elles se marchent plus en largeur qu'en profondeur. Mlle Camargo n'exécutait-elle pas ses entrées « sur le bord des lampes » en

courant de gauche à droite et en revenant sur
ses pas ? D'ailleurs rien de plus difficile que
l'exécution de ces danses de « promenade » et
de maintien. Cela n'a l'air de rien et demande
cependant une science peu commune de l'attitude : genoux fléchis avec grâce, cou-de-pied
bombé... « Je ne saurais vous dire avec quelle
grâce il (Vestris-père) ôtait et remettait son chapeau au salut qui précédait le menuet », nous
conte Mme Vigée-Lebrun. Voilà donc ce qui suffisait, sous Louis-le-Bien-Aimé, à la gloire d'un
danseur. Peu de chose, n'est-ce pas ? Mais
quelles exigences quant à l'exécution !

Eh bien, cependant, quelque chose de la manière juste je l'ai trouvé chez un des interprètes
de *Manon*. Non, j'en conviens, chez ces dames
du corps de ballet, mais chez l'artiste qui chantait Lescaut. C'est que M. Baugé ne se contente
pas d'accompagner l'émission du son par des
portements du corps à l'avenant où d'écarter
ses bras comme un nageur en détresse. Preste,
élégant avec un peu de cette trivialité que veut
le rôle et qui tient du corps de garde ou du tri-
pot, se mouvant toujours en musique, il a bien
l'instinct du style plastique opportun : c'est là
un mime.

Avec tout cela il y aurait bien des choses à
faire et il paraît qu'on en a l'intention à la Salle
Favart. Pourquoi la deuxième scène lyrique
n'aurait-elle pas son ballet à elle, un « ballet
de chambre », comme il y a des concerts de

chambre? On voit déjà figurer sur le programme
de l'année deux œuvres chorégraphiques des
maîtres Florent-Schmitt et Roussel. Et je suis
persuadé qu'en complétant le rococo factice de
Massenet par les chefs-d'œuvre souriants de
Mozart, de Monsigny ou de Rameau, l'Opéra-
Comique aurait pour lui une fois de plus, dans
cette tentative, son admirable et unique public.
Evidemment il faudrait aussi avoir un personnel. On a bien Mlle Païva, charmante vignette
romantique, et dont j'ai eu l'occasion d'apprécier le labeur tenace ; on a encore la jolie débu-
tante du Ballet du Roy. Mais que fait-on de
Mlle Alice Vronska — qui, si je ne me trompe
fort, a déjà paru à la Salle Favart — avec sa
grande allure de sujet classique et je ne sais
quel air de noblesse et d'amertume sur son
beau profil ? Et puis, il faudrait un danseur !
Car figurer en travesti sans être ridicule, c'est
là l'apanage de trop rares danseuses : tout le
monde n'est pas fait comme l'Hermaphrodite
du Vatican ! D'ailleurs les Russes ont tué ce
genre hybride que la grande tradition française
a toujours ignoré aux temps de sa vraie splendeur.

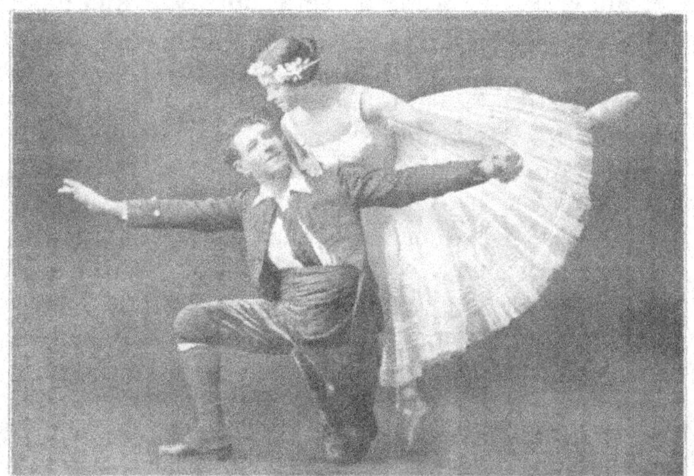

Mlle JEANNE SCHWARTZ et M. PAUL RAYMOND

9 OCTOBRE

C'est un bel et utile usage que renouvelle
l'Opéra en recueillant de grand cœur les étoiles
étrangères. Cet afflux de sang nouveau rajeunit
singulièrement jusqu'aux plus vieilles rengaines
du répertoire. Et puis, c'est bon signe. Car tant
d'hospitalité révèle une belle confiance en soi.
Aussi nos Swanilda parisiennes étaient-elles
venues offrir à la ballerine danoise salut et fra-
ternité.

Mais si Mᵐᵉ Joergen-Jensen est reçue à son
passage à Paris avec le même engouement que
naguère sa compatriote Lucile Grahn, cela ne
tient pas uniquement à cette belle solidarité
internationale qui est une vertu de la confrérie
chorégraphique. Entre le ballet de l'Opéra et
celui du Théâtre Royal de Copenhague il existe
des liens très réels. De même que le Marseillais Marius Petitpa avait été le « grand chef »
du ballet russe, un autre maître français, Bournonville, venant après Galéotti, fonda la grande
tradition danoise. Il créa à Copenhague l'ensei-

gnement classique et tira de la légende nationale des ballets d'action — dont celui de la
Petite Sirène, d'après Andersen, que j'ai encore pu voir interprété par Mme Price de Plane,
mime remarquable. Le ballet danois est ainsi
de vraie souche française et nourri, en même
temps, de la plus belle sève scandinave.

Mme Joergen-Jensen a donc interprété *Coppélia*. Elle est sans aucun doute un fort bon
sujet, très sûr de ses moyens. Elle n'a pas, il
est vrai, les pointes « italiennes » de Mlle Zambelli qui — et je n'hésite pas à appliquer à notre
étoile un mot admirable de Théophile Gautier
sur la Fuoco — sont « comme deux flèches
d'acier rebondissant sur un pavé de marbre ».
De plus, ses arabesques ne sont point assurées
par cet équilibre absolu que donnent des jambes
posées bien en dehors. Enfin, son « vocabulaire » de temps n'est pas très riche. Mais ses
mouvements de danse sont bien liés, désinvoltes, très sensibles à la mesure : ainsi j'ai
beaucoup aimé ses jetés en tournant. Elle « dit »
la ballade de l'épée en utilisant d'une manière
très sensée le langage assez pauvret de la gesticulation conventionnelle, car elle est une tra-
ditionaliste convaincue. Mais elle ravive cette
scène par son beau regard sombre et par de
bien piquants jeux de physionomie.

Somme toute, je préfère le second acte mimé
par elle avec un humour charmant et dansé avec
un sens très juste du grotesque.

Quant au reste de l'exécution et surtout de la mise en scène, j'ai trop peu à en dire — ou trop, si je m'y mets : cela sera pour une autre fois. Mais ne pourrions-nous pas tirer profit de la visite de la ballerine danoise en nous conformant à la maxime de Bournonville selon qui « la danse théâtrale n'admet pas le travesti ». Je sais parfaitement bien que Saint-Léon a fait exécuter, à la première représentation, le rôle de Franz par Mlle Fiocre, le modèle préféré du sculpteur Carpeaux. Or, les petites moues précieuses et le clic-clac des hauts talons de Franz-travesti sont insupportables. Je ne mets point ici en cause Mlle Valsi qui fait de son mieux. Et qu'on ne vienne pas évoquer la tradition : on n'a pas hésité à couper tout un acte où, cependant, en 1870, la Bozacchi avait triomphé. Si l'on profitait de la 400e qui est proche pour nous faire présent d'un Franz masculin et non plus d'une « garçonne » ?

Mme Joergen-Jensen a été vivement applaudie. Ce sont donc les meilleurs souvenirs de ce terrible Paris qu'elle pourra rapporter dans son admirable capitale où le ballet danse un français si pur, où l'on peut voir la plus belle collection de sculpture française « extra muros », et où les amazones qui galopent au bord de la *Lange Linie* ont un sourire de fée, naïf et hautain, qu'on ne saurait oublier.

16 OCTOBRE

MOA MANDU

Mlle Moa Mandu, danseuse bosnienne, a une
face halée aux traits un peu durs illuminés par
un beau sourire qui se fige et, souvent, s'at-
triste. Svelte, elle use de ces déhanchements
languides qui font le charme des madones.
gothiques. Elle fait remonter son épaule juvénile
en fléchissant son cou, et secoue ses cheveux
dénoués, lisses et très noirs. Et comme elle est
là pour danser, elle danse : Gluck, Chopin, comme
cela se fait depuis Isadora, et cette suite de
Peer Gynt qui, à force d'avoir été piétinée par
les plantes nues d'innombrables danseuses, est
devenue une lóque musicale. Certaines de ces
évolutions sont qualifiées d'*inspirations person-
nelles*. Méfions-nous de l'inspiration quand
nous ne sommes point sûrs de nos moyens !
Assortir à une page musicale quelques attitudes
censées en interpréter l'émotion intime, marquer la mesure en frappant du pied, faire flotter
un corps inerte sur l'onde rythmique, cela ne
pourrait suffire. Et cette désinvolture avec

laquelle Mlle Mandu modifie jusqu'aux titres
des pièces musicales, selon son caprice psychologique, ne saurait cacher le néant d'une
technique absente. Le parti qu'elle tire d'un
souffle haletant, saccadé, pour corser l'impression dramatique, produit une sensation de
malaise réel. Et elle achève la plupart de ses danses en se jetant à terre. C'est que trouver l'attitude suprême, statuaire à laquelle aboutit
toute danse, réaliser cette transition du mouvement à l'immobilité vibrante, c'est là une
chose très ardue, mais qu'on ne doit point élu-
der.

Cependant il y a des détails aimables.
Mlle Mandu utilise parfois le costume avec une
intelligence qui fait penser au Sakharoffs. Une
robe blanche, aux plis monastiques, lui donne
l'ampleur d'une statue baroque ; trop longue
elle entrave son pas. Eh bien, cet obstacle ma-
tériel, cette résistance du tissu communique
aux pas de la danseuse une expression d'acca-
blement douloureux. D'ailleurs Mme Duncan a
eu recours au même procédé dans la lamenta-
tion d'Orphée.

Mlle Mandu est bosnienne, avons-nous dit.
Mais elle ne nous fit voir aucune de ces danses
de terroir, de ces farouches « pyrrhiques » des
montagnards serbes, danses dont on suppose
volontiers l'existence sans en avoir la certitude.
Elle a embrassé le « genre artiste » à l'instar
de mille jeunes filles crédules auxquelles on

fait accroire que l'on peut s'improviser danseuse. Aussi ce chemin est-il sans issue. Que pourrait-on tirer de cette nouvelle victime du dilettantisme « inspiré » ? Une interprète pour pantomime ? Il est vrai qu'on n'en fait plus. Mais faut-il en somme décourager à ce point une jeune artiste dont la bonne volonté et la conviction sont évidentes ? Sans doute, il le faut, quand c'est là l'unique moyen de lui être utile.

VALSES

Chopin a l'Opéra. — Le sang viennois.

La *Suite de danses* est ostensiblement une
« réplique » des *Sylphides* russes. Sa matière
musicale est traîtreusement dérobée à l'œuvre
de Chopin ; elle est, d'ailleurs dépouillée de
son charme secret le plus subtil par les sonorités indiscrètes de l'orchestre, par l'éclat, bien
qu'amorti, de ses timbres. N'est-ce pas la con-
fession d'un isolé sublime, confiée au seul piano
qu'on donne, malgré lui, en spectacle ? Mais
aussi quelle tentation pour un maître de ballet
que de puiser à cette source de vie rythmique
indiciblement généreuse et diverse, que d'en
transposer l'enchantement alangui, orgueil-
leux et déchirant !

Chopin est le magicien du rythme *impair*. Ce
mouvement de trois quarts qui régit ses airs
préférés : mazurkas, polonaises et valses, n'est-
il pas le souffle même de la danse noble ?

Considérez ses mazurkas glissant sur le premier quart et accentuant le deuxième et le troi-

sième avec un cliquetis d'éperons imaginaires. Songez à ses temps de valse qui sont à la danse ce que le mètre dactylique — un temps fort, deux faibles — est à la mélopée virgilienne. On n'a pas voulu, à l'opéra, reprendre celle en ut dièse mineur, déjà réalisée définitivement par Fokine ; nous apprécions cette discrétion, mais n'est-elle pas, cette valse, avec l'*Invitation* de Weber, et peut-être le chef-d'œuvre récent de Ravel, la floraison suprême du genre ?

C'est ainsi que je me vois obligé à réprouver l'audace du chorégraphe sacrilège « matérialisant » Chopin. Mais j'avoue sans ambages que j'en aurais fait autant.

La *Suite* s'inspire directement des *Sylphides* en ceci encore qu'elle se dérobe aux exigences d'un sujet déterminé, d'une action autre que celle qui surgit spontanément de l'incantation sonore. Elle tourne volontairement le dilemme qui, de tout temps, menace le ballet en tant que genre théâtral : le dualisme inéluctable, l'antinomie patente de l'*action* et de la *danse*, de la mimique et de l'orchestrique.

Il n'y a là pour relier les épisodes de la *Suite* que l'unité de l'atmosphère musicale. Il y a bien encore le décor. Celui-ci figure un vague parc rococo avec un escalier à balustres. Comme l'on aurait aimé, sinon la clairière romantique des *Sylphides*, du moins une salle de fête seigneuriale dans un château « Empire » ou bien dans un vieux manoir hanté. Et combien les

anciens costumes nationaux aux manches
volantes, tels que les avait gravés encore Stefano
della Bella — ou ceux des « lions » de 1830,
conseillés par Gavarni et habillés par Staub —
auraient bien fait mêlés aux tutus laiteux et fleu-
ris ! Mais qui aurait pu raisonnablement s'attendre à ces Incroyables et ces Merveilleuses
de chez le fripier que nous sort l'Opéra ? D'autant plus que toute cette défroque Directoire
n'est en aucun rapport de tons avec le cadre.
Enfin la belle unité optique des *Sylphides* était
complétée par la participation continue de *toutes* les danseuses en scène à un ensemble décoratif mouvant, disposé avec soin. Il n'y avait
point de ces figurants oisifs encombrant le plateau en spectateurs blasés, à l'instar des marquis
de Molière : abus flagrant qu'on s'étonne de
retrouver dans la *Suite de danses.*

Cette *Suite* s'ouvre par une polonaise fameuse
entre toutes. Fokine à Saint-Pétersbourg l'uti-
lisa, orchestrée par Glazounoff, comme introduction *musicale.* Cet homme audacieux n'osa
pas s'attaquer à son rythme souverain, animé
de toutes les grandeurs abolies, de toutes les
inaltérables fiertés d'une race, à ce *Quand
même* de la Pologne terrassée. A Paris, on
ose. Et cependant les danseurs français échouent
lamentablement dans les mazurkas et les polonaises. Mouvements simples comme bonjour
mais qu'on dirait ensorcelés ; on n'en vient pas à
bout. Voyez le bal absolument lugubre, quoique

réglé par M. Staats, dans *Boris Godounow*. En Russie même, pays slave pourtant, les étoiles cédaient le pas, pour la mazurka, aux Polonaises de race, ne fussent-elles que d'humbles coryphées.

Mlle Anna Johnsson est la protagoniste de la *Suite*. Elle y apparaît moins sensible à l'exaltation lyrique de Chopin qu'aux élégances suprêmes de son allure. L'adage avec M. Ricaux s'orne de doubles tours exécutés avec vivacité, très beaux aussi ces dégagés en l'air dessinés avec ampleur par la ballerine cependant que le danseur l'enlève ; délicieusement simple cette promenade scandée dont elle prend la tête dans le « prélude » : discret murmure chorégraphique. Mlle Jonhsson qui, toute une semaine durant, assura, sans défaillance, le répertoire, n'est pas une virtuose. Son métier n'éblouit point. Les attaches d'une exquise finesse, ses chevilles fragilement ouvragées ne sont point faites pour les grands temps de vigueur ou d'élévation. Et même sous le tutu à la Taglioni, elle fait moins songer à une lithographie romantique qu'à un cuivre de Monnet pour illustrer *Manon Lescaut* ou *Les liaisons dangereuses*.

Laissons de côté un nocturne confus et guindé, mentionnons la variation très sobre de M. Ricaux pour arriver à la « valse brillante » qui est une composition très bien venue.

Mlles de Craponne, Rousseau, Damazio et leurs

trois danseurs en font les honneurs. J'ai déjà
pu dire ici même tout le bien que je pense de
Mlle de Craponne ; très nettement croisés ses
entrechats ; très franche la parabole de ses je-
tées dessus. Nous ignorons ce qu'elle vaut dans
l'adage ; tels sont ces lois et privilèges de la
hiérarchie chorégraphique que cela ne se saura
que le jour où elle passera première danseuse.
Nous augurons que ce jour ne doit pas être très
éloigné. Bonnes également les deux autres, la
brune et la blonde ; quant aux trois hommes, je
leur reproche un certain manque de vigueur
dans les enlèvements. Le bondissement de la
danseuse, projetée et soutenue par le bras du
danseur qui seconde et suit l'impulsion donnée, doit produire, — *résultante* de deux
élans conjugués — un effet *prodigieux* d'élévation.

Tout cela dit — car la critique ne prétend
pas être un marivaudage — la *Suite* de Clustine
reste une *œuvre vivante*. Et c'est ce qui importe
uniquement.

Par excès de zèle, je me trouvais à mon poste
en pleins cuivres, dès le dernier acte de *Samson*. Aussi, je dus subir le ballet. On est frappé
de voir le piètre parti qui est tiré du dynamisme
puissant et de la couleur violente de cette musique. On aperçoit dans cette composition in-
digente et routinière de nombreuses jolies phi-
listines en rose ou en vert s'adonnant à un
exercice prolongé pareil de tous points aux

mouvements d'un frotteur qui astiquerait un parquet en mesure.

Il est vrai qu'on en a agi ainsi 507 fois sans que personne y trouvât à redire. Tant pis : on aura dû se tromper autant de fois.

*
* *

L'une des Wiesenthal danse à l'*Olympia*. Car elles sont trois, Elsa, Grete et Berte, comme les Elssler furent deux et cinq les « Sisters Barrisson ». Mais Grete s'était affranchie pour chercher de son côté. Enfant prodigue du ballet, elle le déserta pour suivre Isadora. Elle n'eût été qu'une vague satellite de l'Américaine si l'atavisme d'un rythme ne s'en fût mêlé, rythme issu de la circulation même de son sang viennois : celui de la valse.

Ce rythme ayant bercé d'innombrables couples enlacés avait été amplifié, transfiguré, *absorbé* par la musique. Il défraya l'œuvre d'un Lanner, d'un Schubert, de cette dynastie indigène des Strauss à laquelle le formidable et pesant Richard, leur homonyme, a voulu s'associer en se servant dans le *Chevalier des Roses*, d'une *valse* comme thème principal.

Avec les Wiesenthal le même rythme réintègre la danse, son berceau, pour recouvrer une dernière jeunesse.

Grete se méfie donc de la tunique « grécisante » dont Isadora affuble Chopin ; elle préfère sa petite robe de bal. Ses jambes sont rigoureusement nues ; mais ses pieds chaussent des petits souliers de satin.

Les ondes du *Beau Danube bleu*, dont la valse capte le rythme, la bercent, petite sirène verte, et la balancent. Elle se laisse faire, se livre avec abandon. Elle se serre, câline, contre la mesure, jette ses bras gracieux et ses cheveux châtains au vent, tandis que, parmi l'envolée de la robe ses talons scandent les trois temps en tournant.

Sa technique ? Quelques rares souvenirs du « rat d'Opéra » que naguère elle fut, quelques temps timidement sautés, des bras et un torse traduisant avec insistance le mouvement musical comme ceux d'un chef d'orchestre. Avec cela discrète, suave sans beauté — jamais triviale — malgré certaines naïvetés dans sa toilette.

Elle a encore tenu à interpréter Berlioz : pantomime d'un style douteux, perruque bleue colifichets dits « avancés » : passons ! Et revenons à la valseuse ingénue, à la Cendrillon viennoise. Il faut l'avoir vue. Mais l'imiter ! A quoi bon ? Ce qui est exquis en elle est insaisissable : l'ombre d'une fumée. C'est l'inconscient de sa race qui s'épanouit en elle. Quelque chose survit-il de l'enchantement aboli de l'ancienne Vienne ? Ce rythme impair inépuisable comme le rêve. Cette étrangère tourbillonnant sur le tréteau parisien ainsi qu'une feuille morte, fraîche, dorée, mais qui déjà se fane.

30 OCTOBRE

LE DANSEUR ET LE PRÉJUGÉ AU TRAVESTI

« On demande des danseurs... »

Très judicieusement, pour avoir un jour des danseurs, on s'adresse à l'enseignement, car on ne saurait en improviser. L'essentiel est qu'on veut en avoir. Or il y a à peine dix ans, à Paris, on ne s'en souciait guère.

A la veille de quitter la Russie, j'ai encore pu voir, dans l'acte final du ballet de *Raimonde*, ce grand pas hongrois qui est une des plus magnifiques et complexes créations décoratives et rythmiques du septuagénaire Petipa. Ce poème chorégraphique d'une très vaste envergure comporte une « variation pour quatre cavaliers », unique en son genre, variation dont le dénouement est disposé de la façon la plus frappante. Après un repos complet, les quatre interprètes font leur entrée dans la danse un à un par un double tour en l'air, à l'instar des voix dans une fugue — si toutefois cette comparaison peut s'appliquer à une figure chorégraphique. Mais voici l'observation qui faisait ce beau record doublement significatif : en dehors de la Russie et depuis un demi-siècle — ou peu s'en faut — aucun ballet du monde n'apparaissait capable de le réaliser.

C'est que ce demi-siècle a été, dans l'Occident entier, le crépuscule du danseur. Les amateurs ou critiques, voire les historiens d'hier et même d'aujourd'hui, font en somme peu de cas de la danse masculine.

La danse théâtrale apparaît au plus grand nombre comme l'émanation plastique du principe féminin, l'épanouissement de son essence intime, comme un art dont les couleurs et les formes sont saturées d'un attrait sexuel affiné, transposé, dématérialisé, mais d'autant plus intense.

Pour d'autres encore — et ce sont les séraphiques révélations de Marie Taglioni qui en furent la première cause — la danse est une des incarnations de « l'éternel féminin » et de son exaltation idéale, un langage symbolique, une suite d'hiéroglyphes. « On dirait parfois une âme qui danse sous une forme sensible », écrivait, de la danseuse, Jules Lemaître.

Quoi qu'il en soit, ange ou démon, Béatrice ou Salomé, la danseuse triomphait du danseur. L'époque romantique, qui inaugura la suprématie de la virtuose sur l'ensemble, réduisit l'homme à des fonctions purement auxiliaires. Ils n'étaient plus les temps où la rivalité d'Auguste Vestris et de Duport divisait Paris et suscitait des poèmes épiques en six chants. La danse féminine, enrichie et transformée par l'introduction des temps sur les pointes, se différencia nettement de la danse masculine sur la plante et la demi-pointe.

Puis des causes d'ordre social s'en mêlèrent. Pour les participants de la nouvelle civilisation bourgeoise, mercantile, utilitaire, hypocrite quant aux masses, purement intellectuelle dans son élite, de cette civilisation qui amena l'atrophie du geste spontané et du régime cérémonieux du mouvement, la situation de l'homme-danseur se présentait comme indigne, frivole, voire perverse. Elle ne s'accordait point avec la notion même de « masculinité » telle que les mœurs modifiées la concevaient. Ces préjugés sont loin d'être totalement abolis de nos jours. Même les succès sans précédent de Nijinsky n'apportèrent qu'une amélioration partielle à cet état de choses. Le danseur restait socialement disqualifié ; il n'était qu'un collaborateur de second plan au spectacle où l'étoile primait tout. Pour le remettre en valeur, il fallait un grand mouvement d'opinion dont nous commençons à ressentir la répercussion au théâtre.

Le fait est que la tradition de la danse masculine, après un monopole de plusieurs années, suivi d'une suprématie décisive qui se maintint deux siècles, s'était étiolée, rompue, perdue dans tout l'Occident. Théophile Gautier considérait Perrot-l'aérien comme le dernier représentant en France de cette tradition. Un Lucien Petitpa n'était plus qu'un mime et le « second » chorégraphique d'une Carlotta Grisi comme Saint-Léon fut celui de la Cerrito. Carlo Blasis, le grand chorégraphe classique de Milan, dont l'enseignement rayonna sur le monde, l'éducateur de la fameuse *Pléiade*, abandonna la danse à l'âge de vingt-quatre ans à la suite d'un accident. Nous nous réservons la tâche agréable de faire un jour les portraits de ces « as » de la danse, de Beauchamp à Perrot.

Quant à ce dernier (qui fut, et cela vaut d'être mentionné, le prédécesseur, à Saint-Pétersbourg, de Marius Petitpa en qualité de maître de ballet), maître des « vols planés », il doit sa technique miraculeuse non point à l'école de danse où il n'a jamais été, mais à son entraînement professionnel d'acrobate. Cet entraînement il l'avait acquis au cirque, car il avait pendant six ans détenu l'emploi de Polichinelle.

Et il y a plus d'un demi-siècle, Bournonville, missionnaire de la danse française, *in partibus infidelium* ou, sans métaphores, maître de ballet à Copenhague, recommande aux danseurs dans la préface de ses *Exercices chorégraphiques* de ne point se laisser rebuter par l'injustice de certains critiques qui, ne tenant aucun compte des qualités et du talent des danseurs, s'attaquent à la danse masculine en bloc. La danse théâtrale qui constitue le ballet ne saurait — opine-t-il — se passer de la participation des hommes et n'admet pas les femmes travesties. Cependant l'abus du travesti — dont l'usage en Russie apparaît comme une rare exception — est une des tares du ballet d'opéra français et j'espère être soutenu dans la petite guerre d'usure que j'ai entreprise contre ce poncif inepte.

L'extraordinaire floraison de la danse masculine sur la scène russe a été pour elle une puissante source de vitalité, un philtre de miraculeuse jeunesse. Il y a quelque quinze ans Nijinski brillait seul. Mais tout de suite il a été suivi de près par les Mordkine, les Valinine, les Joukoff, les Novikoff, les Smolzoff à Moscou, par les Vladimiroff, les Romanoff, les Vilzak à Pétrograd — et j'en passe pour éviter au lecteur une nomenclature fastidieuse et peu intelligible de noms en « off ».

Que s'était-il passé ? Nijinsky avait été un génie spontané et fantasque, une force élémentaire. Comment a-t-il pu être, sinon distancé, du moins suivi ? C'est qu'il y avait en Russie une atmosphère créatrice, une collectivité homogène, *l'école*. Il y avait, entre tous ces jeunes gens, identité de culture physique et rythmique, solidarité de camarades ; il y avait la discipline qui préserve la tradition mais sans l'amplifier. Il faut une personnalité hors ligne pour tenter d'augmenter les ressources d'un genre séculaire. Nijinsky avait cet élan personnel. Et son audace déclencha tout un mouvement.

Voyez les sports. Tel record est établi qui bouleverse toutes les prévisions. Il semble dépasser les forces humaines, apparaît fortuit, surnaturel. Un an plus tard, il est une moyenne. L'accommodation du muscle et des nerfs s'est produite.

Il en est de même dans l'art de la danse. Il est susceptible de progrès. Ce qui était une prodigieuse réussite de Vestris ou de Didelot et qui semblait narguer les lois de la mécanique et de la physiologie, on l'exige aujourd'hui d'un élève. Mais ce progrès ne peut s'accomplir qu'au sein d'une tradition ininterrompue, sans saccades et, pour l'individu, d'une éducation complète.

M. Ricaux est un homme de talent.

Mais s'il réussit là tâche de former ses petites recrues, ce bon danseur ne sera, dans dix ans, qu'un petit garçon à côté de ses élèves d'hier. Quelle orgueilleuse satisfaction pour un artiste véritable ! Car son apport durera autant que la grande tradition dont il tente de restaurer les fondements. Qui sait si l'information que je citais au début de ces lignes ne s'inscrira pas à la première page d'une Renaissance de la danse française ?

J'abandonne à regret ce sujet. Mais je le reprendrai sous peu afin d'exposer sommairement les bases techniques de ce genre ressuscité : l'art du danseur.

6 NOVEMBRE

CLASSICISME ET EXOTISME

Une étoile parnassienne : Mlle Schwarz. — Djemil. — Un maître français. — Reprise de « Roméo ».

On a beaucoup dansé à Paris depuis huit jours. Si on voulait passer sa vie, comme·nous, à voir danser, on trouverait de quoi satisfaire une telle fringale. Et, comme nous, on serait trop souvent déçu. Il se peut que les quelques feuillets que je détache de mon journal de danse contribuent à guider le lecteur dans ce dédale de manifestations variées, voire contradictoires d'un art qui s'est perdu — ou peu s'en faut — et qui tend passionnément à se reconstituer.

A son tour, Mlle Schwarz a dansé *Swanilda*. La tête haute, le dos droit, les épaules effacées, elle traverse le rôle sans éclat mais presque sans défaillances. Elle semble répugner à l'audace des tours de force imprévus et elle évite toute surcharge technique. Ses ports de bras sont très noblement dessinés mais peu variés. Sous la mantille du boléro ou le tartan de la gigue, le tracé de son mouvement reste celui de la danse classique : pur, ample, abstrait. On l'accuse de froideur : soit. Mais nous ne saurions dédaigner cette hautaine retenue, cette douce sévérité de sœur converse qui respecte par-dessus tout la règle de l'ordre chorégraphique dont elle a pris l'habit : le blanc tutu, vêtement séraphique.

Considérez la si belle *Variation sur un thème slave*; vous y verrez ceci. Sur une note stridente de l'orchestre, l'étoile projette violemment une jambe à la grande deuxième ; avant de retomber, cette jambe reste un long instant en suspens, vibrante, tandis que le corps porte sur la demi-pointe de la jambe d'appui. Je vois Mlle Zambelli enlever ce mouvement brillant ; il serait plus haut, plus soutenu que celui de Mlle Schwarz : sa pointe aurait parcouru une courbe plus vaste et, dardée victorieusement, piquerait dans l'espace. Quant à Mlle Schwarz, au grand jamais elle ne développerait une jambe au delà de 90 degrés. L'angle obtus lui est un sacrilège. Que choisirons-nous, de l'audace ou de l'abnégation ? Quoi qu'il en soit, les pas de Mlle Schwarz sont impassibles comme les vers de Leconte de Lisle. C'est là une danseuse parnassienne. Quant à la pantomime, Mlle Schwarz s'astreint rigoureusement au vocabulaire traditionnel des gestes. Je crois qu'elle s'emploie, d'ailleurs très noblement, pour une cause jugée. Sans doute le système de danse classique exige, pour le compléter, un langage mimique conventionnel qui exclut le mouvement naturaliste. Seulement ce langage est resté en enfance. Il serait à refaire pour paraître plausible. Aujourd'hui il semble niais.

Voilà donc Swanilda-Schwarz. Y a-t-il des réserves à formuler sur son interprétation? Oui, mes anciens griefs. Avec la dernière mesure de la musique une variation doit être finie. Point d'orgue à l'orchestre, immobilité sculpturale sur la scène. Plus rien à faire pour assurer l'aplomb. Ça y est ou ça n'y est pas. Eh bien! ça n'y était pas toujours.

Quant au ballet de Saint-Léon, il est d'un agrément vraiment inépuisable. L'autre soir, j'ai pris un plaisir particulier à la variation de Swanilda et de ses huit compagnes. On songe à un concerto classique. L'étoile, instrument concertant, indique le mouvement, simple temps d'exercice, mais beau de sérénité, de logique constructive : grand battement, relevé sur les pointes. Le corps de ballet-orchestre reprend le thème, le varie, puis se joint à l'étoile dans un splendide élan d'ensemble. Mais me voilà à « découvrir » *Coppélia* à la 388ᵉ représentation! C'est que j'affectionne particulièrement ce ballet loqueteux, poussiéreux, attifé comme un truand de la Cour des Miracles. Car sous la crasse du souillon transparaît malgré tout la princesse.

Cependant que je m'en vais en guerre contre le travesti, Mlle Soutzo joue Franz ; sa belle prestance aurait fait mettre bas les armes à quelqu'un de moins obstiné que le critique de *Comœdia*. M. Raymond est toujours Coppélius ce *Prométhée de la Poupée mécanique*, comme disait Théophile Gautier dans le dernier feuilleton chorégraphique qu'il a signé. Comme Prométhée au Caucase, M. Raymond est enchaîné à son rôle. Coppélius est à lui comme les allumettes sont à la régie. Il est vrai qu'il s'en tire beaucoup mieux que l'Etat.

*
* *

De huit jours en huit jours, les Vendredis de la Danse à la Comédie Montaigne commencent à devenir une habitude assez douce. L'intention dans laquelle ces matinées semblent conçues apparaît heureuse. Des danseuses qui ne peuvent se faire connaître qu'incomplètement selon le hasard des engagements fortuits, dans une ambiance qui leur reste étrangère, viennent ici pour confesser, dans un cadre intime et dépouillé, leurs ambitions secrètes et leurs rêves familiers. Le directeur observe et laisse faire.

A son tour, Djemil Anik a dansé, nom suave et qu'on dirait parfumé au jasmin. Sa large bouche au sourire placidement féroce, ses longs yeux cernés, sa cotonneuse crinière dégagent un charme sensuel très direct. Elle fait voir son beau torse café au lait (un soupçon de café !) d'Asiatique juvénile avec cette « candeur de l'antique animal » qui seule apaisait Baudelaire.. Ses costumes sont d'un goût très discret ; Djemil s'en sert à merveille, ainsi que de quelques accessoires très rares : rose ou javelot pour amplifier ses jeux de scène. Et elle apporte à certaines de ses réalisations un humour très franc, une verve résolument plébéienne. Car c'est là une danseuse populaire, une foraine exotique. Comparez-la à Nyota-Nyoka, la petite Syriaque si finement ciselée, aux poignets si délicats ! Djemil, robuste, est taillée en pleine matière.

Elle est aussi moins précieuse que Nyota, cette Nyota qui danse Perrot et Cappart. Dans une sorte de pantomime mesurée, elle fait jouer ses bras, balance son torse ; elle marche et court ses danses sur la plante ou la demi-pointe, vire sur elle-même et, surtout, pose. Ce n'est pas que la *reconstitution* ne la tente. Nous avons vu d'elle un *triptyque égyptien* où elle remplit par n'importe quelles évolutions les intervalles entre plusieurs attitudes calquées sur des documents très authentiques. Elle astreint son corps aux déformations de perspective propres au bas-relief et à la fresque. Labeur stérile ! Elle a interprété de plus des danses javanaises, japonaises, chinoises, etc. ; pourquoi ces transpositions conventionnelles ? La Chine aux Chinois ; empruntons cette devise

aux politiciens indigènes. Aussi n'avons-nous
pas aimé ce *Voyage autour du monde* en
quarante minutes. Quant aux trois dernières
danses, quelle différence patente ! On voit que
Djemil en a le rythme dans la peau. Et elle n'a
pas exécuté la *Danse d'Anitra*.

*
* *

Je suis allé voir Quinault exécuter à l'Apollo
deux brefs intermèdes avec sa danseuse Iris
Rowe. A considérer tant de splendeur physique, une telle exaltation du muscle mêlées
à l'humanité diminuée et veule d'un spectacle
d'opérette j'ai été vivement ému. Trop rapides,
sans doute, les deux épisodes qui se précipitent
sur ce plateau garni de linoléum sous la lumière
brutale et errante des projecteurs, pour étudier
à fond l'inspiration et les moyens du maître
français. Cependant le plaisir intense que cause
cette exécution ramassée, condensée, cet effort
massé sur quelques instants vaut une analyse
succincte. Une virtuosité très réelle subordon-
née de grand cœur à une conception plastique,
voilà ce qui semble être la formule de Quinault.
Quand on a spontanément admiré les proportions de ce corps admirablement discipliné qui
fait songer à la « forme » des grands boxeurs,
à cette mâle vigueur qui exclut toute hypertro-
phie athlétique, toute boursouflure des muscles,
on tâche de se rendre compte de l'apport de

Quinault. Or celui-ci est par-dessus tout un
imaginatif. Et je ne parle pas ici de cette espèce
d'imagination plutôt *littéraire* qui consiste à
créer à la danse une motivation réaliste, mais
de l'imagination *plastique* qui tend à créer des
formes ou à les combiner d'une façon inédite.
J'avais constaté dans un article récent que la
technique classique était susceptible de progrès.
Les « grands bonshommes » du XIXᵉ siècle ont su
doter le mouvement d'une amplitude de développements plus grande, d'une *envergure* très
vaste. Quinault organise le groupe de danse en
hauteur. Il le coordonne dans un sens vertical.
Ses *enlèvements* de la danseuse sont l'élément
propre, frappant, passionné de sa composition.
La rose Iris se développe dans l'espace, s'épanouit en arabesques, portée par les bras tendus
de son danseur, érigée en trophée, offerte en
holocauste. Cette *girl* naïve, danseuse-enfant,
est pour le danseur, constructeur de groupes,
un instrument docile, ductile et au son très pur.
Et c'est une joie de la voir, du ressac violent
d'une danse bacchique, émerger radieuse, telle
une figure de proue qui sourit à la tempête.
Mais, tout de suite, c'est fini.

*
* *

Le ballet de *Roméo et Juliette*, récemment
repris, constitue une partition de danse trop
importante pour que je l'analyse au courant de

la plume, sur une première impression. Cependant je tiens à saluer la rentrée de Mlle Camille Bos, étoile aux qualités *éclatantes*, mais artiste incomplète, et aussi à rendre hommage à ce vaillant M. Ricaux qui par le bel entrain de ses cabrioles, par la netteté des temps battus, sait compenser ce qui pourrait lui manquer de ressources plastiques. Sa variation sautée a été applaudie avec ferveur. Ayant ainsi débuté « sulla ciaconna », je me vois amené à finir « sul miserere », en constatant certains flottements fâcheux dans les grands ballabili. Sans la discipline et la cohésion de la figuration, l'effort des grands sujets ne donne pas. Ce sont les aiguilleurs qui font dérailler les express. Il suffit d'être du deuxième quadrille pour compromettre un ensemble.

11 NOVEMBRE

DANSEURS VIENNOIS

Mlle WIESENTHAL et M. ANTON BIRKMEYER

Nous avions parlé avec sympathie de Mlle Wiesenthal, Viennoise, qui valsait au music-hall.
Aujourd'hui, elle vient nous dire ses petits secrets
sur le vaste plateau du Théâtre des Champs-Elysées. Ainsi faisant, elle se trahit elle-même cruel-
lement. On s'était laissé prendre au charme
ingénu de la midinette qui tourne avec effusion
dans une guinguette du Prater. Mais elle a péché
par orgueil. En s'affublant de colifichets prétentieux, capes, voiles, traînes, en abordant Richard
Strauss et Brahms, elle n'avoua que mieux la
pénurie et l'incertitude de ses ressources. Elle
a le sens du rythme, mais, à tout moment, la
débilité de sa technique l'accable. Sa coquetterie apparaît gauche, son geste gourmé. Et si elle
n'avait pas cette manière de se jeter corps et âme
en pleine valse, bondissant sur ses deux talons,
de plonger dans le rythme ternaire comme dans
son élément, c'eût été la débâcle. Le néant pré-

sompueux de la marche hongroise, de la
rapsodie de Liszt, ne se laissent pas suffisam-
ment dire. Mais toujours dans les valses elle se
ressaisit quelque peu et repêche quelque chose
de sa spontanéité. Puis, le cabotinage moder-
niste reprend le dessus, et, soulignant à grands
gestes évocateurs un sautillement intermittent,
grêle, ou de pauvres petits temps de talons,
elle repart vers une nouvelle défaite.

Si on s'étonne de voir cette danseuse de genre
s'aventurer sur une grande scène lyrique, M. An-
ton Birkmeyer semble y être autorisé. Il est
premier danseur de l'Opéra de Vienne. Je me
figure le *dernier* ! M. Birkmeyer est un grand
jeune homme affreusement décharné, aux muscles saillants. Son maintien est d'une raideur
militaire ; il se déplace posément comme on
obéirait à une consigne. Dans le *Joseph* de
Strauss, pantomime en musique, il lui arrive de
persévérer pendant quelques minutes dans une
attitude de recueillement ou d'extase d'où toute
force expressive est absente. Jambes nues, il
arbore des habillements cocasses. Mais il a
appris à danser. Il intercale dans son jeu des
arabesques péniblement équilibrées, des temps
classiques avortés. Et voilà que dans un accès
de mégalomanie ineffable, il entreprend l'Arlequin du *Carnaval*, triomphe de Nijinsky. Il va
il vient, tourne en l'air, pirouette laborieusement, obstinément. On applaudit ce qui l'incite
à bisser. Par moments, on croit à une parodie

volontaire, à une joyeuse farce dont nous ferions les frais. Car nous avons subi ce spectacle inouï. Si nos hôtes viennois se trompent sur leur propre valeur, ce n'est qu'humain. Mais que le public se laisse faire par nonchalance, par veulerie, par atrophie du sens plastique (que sais-je ?) je n'en reviens pas. Voilà donc les deux faces du sphynx : il trouve *Castor et Pollux* «rasoir», et il se dérange pour voir des fantoches se trémousser. « L'âge de *Phi-Phi* », constate Linor. C'est là l'ambiance dans laquelle se produit la renaissance actuelle de la danse. Et elle aboutira quand même, cette renaissance. Car rien ne pourrait enrayer le grand renouveau classique et le superbe élan d'une jeunesse vaillante sur laquelle l'esprit a soufflé.

13 NOVEMBRE

ÉCHOS DU TEMPS PASSÉ

ÉLOGE DE RAMEAU

D'être de cette génération qui rétablit la royauté de Rameau, j'avoue éprouver une joie orgueilleuse. Car cet effort classe notre époque. L'Opéra vient de nous faire l'insigne honneur de reprendre pour nous autres *Castor et Pollux* ; mais nous n'aurons pas, hélas ! justifié cette confiance en notre entendement musical et notre sensibilité spontanée. Solidement retranché derrière *Faust*, l'abonné, sournois, se dérobe ; et rien en cette œuvre équilibrée et sereine ne saurait solliciter le snob en quête de stupéfiants sonores. Pour présenter *Castor* à une minorité avertie de *Ramoneurs*, comme gouaillaient les « soiristes » du xviiie siècle, l'Opéra doit consentir des sacrifices. Tenons compte de tant de générosité. Et constatons avec amertume qu'un tel spectacle aurait sans doute fait la fortune d'un théâtre de Saint-Pétersbourg ou de Berlin. *L'Hercule dijonnais* se

serait taillé sa part de gloire à côté de Mozart
et du chevalier Gluck, seuls survivants au théâtre d'une grande époque méconnue.

A Paris, la campagne « ramiste » dure depuis
bientôt quinze ans. Une élite s'y dévoue. Dès
1908, M. Messager reprend *Hippolyte et Aricie.*
Louis Laloy fait paraître son livre sur Rameau,
fier bouquin, subtil et combattif comme le fut
le maître lui-même : l'ouvrage de Laurencie
suit de près. Landovska arrache aux virtuoses
du piano les suites pour clavecin et ressuscite
leur charme intime en leur restituant leur
timbre. Enfin Jacques Rouché monte au
Théâtre des Arts le fameux ballet des *Talents
Lyriques*, geste audacieux et qui voulait dire :
nous avons en Rameau un maître insoupçonné
de la *danse théâtrale*. Je m'associe passionnément à cette belle « fièvre française ».

Car la danse est l'essence même du génie de
Rameau. « Ses airs de danses dureront éter-
nellement », admet Diderot, un ennemi. Et « l'on
danse partout dans les opéras de Rameau,
même autour des tombeaux, » comme insi-
nuait perfidement Voltaire. « Il a tout mit
en ballets, en danses et en airs de violons », et
le poète Collé, qui collabora incidemment
avec Rameau, s'en console mal. C'est ainsi !
Quels que soient l'émotion sobre des récitatifs,
l'éclat de quelques grands cris pathétiques, un
ample mouvement chorégraphique travaillé,
nourrit, emporte l'action. Et si notre sensibilité

Studio FÉMINA

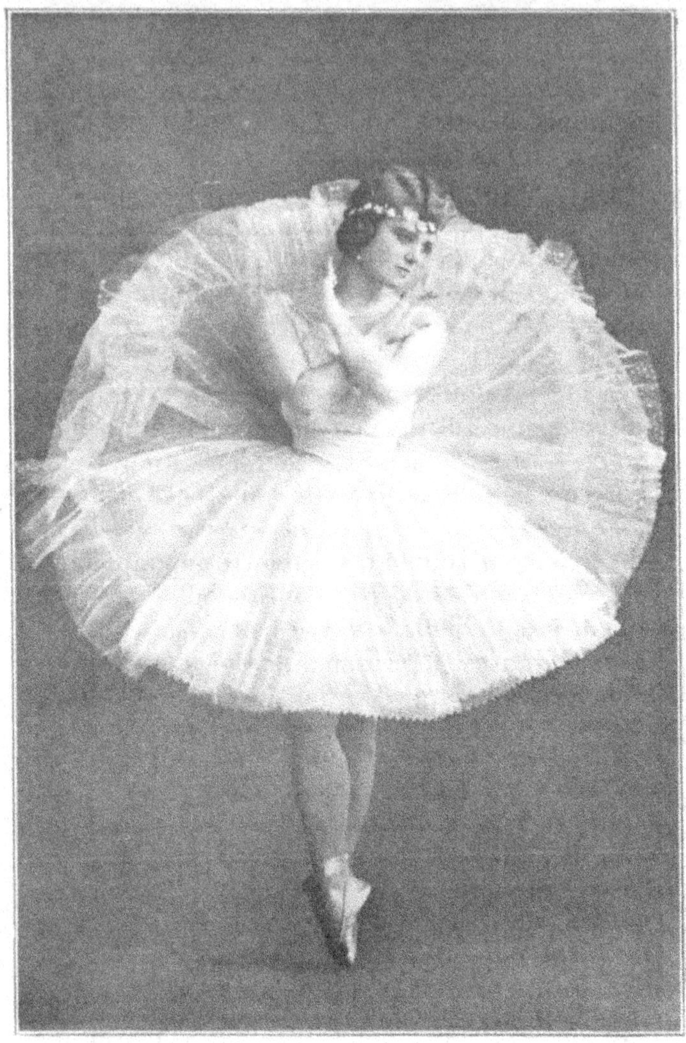

Mlle EMMY MAGLIANI

est quelquefois délicieusement affectée par des
formules expressives, tout, dans cette musique,
sollicite nos sensations motrices. On peut dire
de *Castor et Pollux* ce qui a été dit de *Carmen* :
cette œuvre est issue de l'esprit de la danse.

D'ailleurs, d'innombrables entrées de danse
sont distribuées dans tous les actes. A chacune
de ces entrées s'attache quelque tradition glorieuse ; chacune évoque quelque grand nom
quasi légendaire. Quel parti pouvait tirer un
maître de ballet de tous ces souvenirs gran-
dioses mais confus ? S'astreindre à une reconstitution laborieuse et décevante, imiter la technique des danseurs d'antan à l'aide de quelque
grimoire chorégraphique dont il s'applique-
rait à déchiffrer les tracés ? Ou bien utiliser
toutes les ressources modernes pour suggérer
une atmosphère ? Que nous devait-il : le musée
ou le rêve ? La copie ou la transposition ?
M. Guerra renonça délibérément au pastiche et
ne s'inspira que de la musique. Je crois qu'il
faut lui donner raison et nous consoler de voir
Planètes et Spartiates faire des pointes et por-
ter le chausson à semelle flexible au lieu du
soulier à talons. Au temps de Rameau, les entrées se suivaient, chaque danseur ou groupe
remplaçant à son tour un autre. M. Guerra
accompagne les soli par d'amples mouvements
d'ensemble ; et encore une fois il n'a pas
tort. Au xviii° siècle, enfin, l'élément masculin primait à tel point la danse féminine que

10

mêmes les furies, dans *Hippolyte et Aricie*, étaient interprétées par des hommes. Mais voilà qu'on ne voit qu'un seul danseur dans tout *Castor* ! Et dire que l'entrée des gladiateurs avait fait fureur à la Salle des Machines, que le grand Dupré avait brillé dans celle de Mars ! Le travesti a tout envahi ! Naguère, les *tonnelets,* espèces de paniers raccourcis, donnaient aux danseurs une allure singulièrement féminine qui exaspérait Noverre. Portés par des danseuses, ils perdent ce charme équivoque ; d'ailleurs, ils sont insuffisants pour délimiter les rôles. Est-ce là un reproche ? A peine. Car on n'improvise ni un Dupré ni un Lany. On a dû faire de nécessité vertu. *Castor* a été préparé pendant la guerre.

D'ailleurs, l'entrée d'Apollon, échue à M. Aveline en survivance des sieurs Vestris père et Gardel aîné, est la plus étoffée de toutes. Cambrures et ports de bras, le jeu serré et rapide de temps battus, l'emploi sobre de la pirouette comme ressource suprême et qu'Auguste Vestris fut le premier à prodiguer, le fléchissement du genou et la démarche élastique, tout cela tient du style rocaille magistralement rendu par Aveline, sauf peut-être pour certains temps d'élévation. La chaconne des planètes évolue autour de lui, en rayonnant par groupes de quatre, tels les cavaliers d'un carrousel royal. Apollon s'arrête brusquement dans un grand mouvement décoratif, et immédiatement la musique des sphères se tait : effet saisissant.

Mlle Zambelli est l'Ombre Heureuse que fut
jadis Mlle Guimard et, hier encore, Mlle Aïda
Boni, dont il sied d'évoquer ici le souvenir charmant. J'aime particulièrement le quatrième acte ;
ce séjour élyséen où se prélassent les ombres
en perruques et paniers blancs fut, pour les
sujets de Louis le Bien-aimé, ce que le paradis
de Charlot avec les bobbies ailés est aujour-
d'hui pour les voyous de San-Francisco. L'interprétation de Mlle Zambelli? Parfaite. Le rôle
malencontreux de l'Ombre Affligée demande
plus que du talent : du dévouement ; Mlle Schwarz
a bien voulu se sacrifier ; nous demandons néanmoins que M. Aveline lui refasse un enchaînement plus digne d'elle que celui de Guerra.
Mlle Johnsson prend, après cent quarante ans,
la suite de cette Mlle Heinel qui s'appelait comme
elle Anna et qui épousa Gaétan Vestris. Or,
l'acte d'Hébé — sarabande et gavotte — alerte,
papillotant, taquin, sied à merveille à la personnalité scénique de l'étoile. Ses pointes
aiguës trottent menu, piquent et mordillent les
planches avec prestesse. Boucher, qui fit le dernier décor de *Pollux*, aurait, il me semble,
aimé une telle Hébé. Au troisième acte enfin,
une danse dite « rythmique » nous donne l'avant-
goût de l'enfer. Contempler la rythmique pendant l'éternité : châtiment diabolique ! Mais, au
fait, pourquoi, dans un ballet homogène, veut-
on introduire ces expédients puérils ? Mystère !

Par contre, on est frappé par le tact plastique
des chanteurs, MM. Rouard et Rambaud, qui
s'incorporent admirablement à l'ensemble dansé.
D'ordinaire, le chant et la danse apparaissent
représentés par deux races différentes et hos-
tiles. Dans *Castor*, ce sont les éléments d'un
tout homogène. Et M. Philippe Gaubert, à son
pupitre, semble, par son profil de mousque-
taire, contribuer à l'unité optique de ce beau spectacle qu'on voudrait revoir infiniment et qu'on
ose à peine redemander vu le peu d'empres-
sement d'un public égaré. J'apprends d'ailleurs que *Castor* est annoncé pour vendredi :
tâchons de mériter cette aubaine.

18 NOVEMBRE

LE DÉBAT DE LA MUSIQUE ET DU SILENCE

Les *Vendredis de Danse* à la Comédie des Champs-Elysées viennent de présenter au public deux spectacles nettement antithétiques : les *danses dans le silence* de M^llo Yvonne Sérac et un *essai de traduction intégrale de la musique par la danse* tenté par Mme Odic-Kinzel et ses élèves.

Je n'ai pu assister à la première de ces matinées. J'ignore donc les arguments palpables dont l'expérience a pu appuyer la thèse de Mlle Sérac; et je ne m'en rapporte point à autrui quant aux choses de la danse. Cependant la conception en elle-même, toute paradoxale qu'elle soit, a de quoi me tenter. Je me propose d'y revenir dans un prochain article.

J'ai vu, par contre, Mme Odic-Kinzel. C'est là une théoricienne. Son ambition est de donner à la musique une interprétation intégrale selon une méthode objective. Je crains fort que la tendance à *extérioriser* la musique par la danse ne soit en elle-même *abusive*. Mais je ne tiens pas, pour le moment, à élucider ce problème qui me mettrait aux prises avec la gent dalcrozienne et les épigones du duncanisme expirant. Je m'en tiendrai donc à mes impressions immédiates. Le programme — J.-S. Bach, Rameau, Beethoven, Albert Roussel, Chopin — séduit du premier abord ; il est d'une musicienne. Quant à la *traduction*, elle se réduit essentiellement à indiquer par le mouvement des *bras* la durée des sons, les accents et la courbe mélodique de la pièce. Ainsi la participation de Mme Odic dans l'ensemble du menuet de Bach consiste en somme, à développer jusqu'à la seconde position, deux bras harmonieux aux linéaments lourds en faisant saillir un torse dont la beauté massive vaut par ses proportions heureuses. Cependant les jambes ne suivent qu'à grand'peine l'appel des bras qui les invitent à la course au bond, au tourbillonnement des mouvements giratoires. C'est là un chef d'orchestre dirigeant « à vide », les musiciens étant restés chez eux. Ce que Mme Odic appelle *danser*, une danseuse classique l'appellerait *marquer un pas*. C'est fort bien, et Mme Odic le fait avec un sens très réel *dynamisme latent* que comporte le morceau de musique. Mais il importe, après avoir trouvé, *d'exécuter*.

Mme Odic ne dispose pas des ressources gymnastiques nécessaires pour en faire tant. C'est une *planipes*, comme l'on disait naguère à Rome, une danseuse pédestre. Ces jambes nues ne savent que *marcher*, tandis que la danseuse classique *glisse* et *jette* et *tourne*, en parcourant le plateau, en organisant l'espace. Ainsi le Chopin de Mme Odic n'est-il qu'un aperçu timide, qu'un *canevas* des impulsions dynamiques jaillissantes de la 15e valse.

Les pupilles de Mme Odic se sont astreintes, comme il sied à des élèves, à l'anonymat. Cependant l'une de ces jeunes filles, dont la belle tenue, discrète et grave, a conféré une noblesse réelle à un spectacle fort mince quant au *fonds*, l'une de ces jeunes filles, dis-je, aura dû attirer l'attention du spectateur clairvoyant. C'est une blonde au visage charmant et qui a quelque chose de la plénitude plastique, des proportions arrondies et pour ainsi dire tassées des figurines d'Aristide Maillol. C'est plutôt une académie de *Pomone* ou de *Cariatide* que je semble évoquer, non celle d'une danseuse. Et il y a quand même de l'élan dans ses sauts en longueur, du ressort dans ceux en hauteur, simulacres primitifs de la cabriole. Mais elle a assez de ballon pour pouvoir battre et croiser, et je vois fort bien l'entrechat-six compléter le mouvement, et les pointes basses piquer les planches. Chose curieuse! Tout ce qu'il vous arrive d'observer de résultats heureux dans les nombreuses hérésies chorégraphiques qui affligent le théâtre, comporte un *acheminement inconscient vers la danse classique*. On est prêt à conclure que s'il existe d'innombrables manières de *ne pas savoir* danser, il n'y en a qu'une seule de *savoir* le faire.

*
* *

J'avais demandé récemment, en m'apitoyant sur la léthargie chorégraphique (et qui tous les jours s'aggrave) de l'Opéra-Comique, ce qu'on faisait de Mlle Vronska. Je l'ai revue depuis, au cours d'un charmant spectacle donné au *Cercle Interallié*.

Sur le plateau exigu d'un petit théâtre de fortune, elle a esquissé un air de Grieg, une valse de Drigo, le vieux maestro italien transplanté à l'Opéra de Saint-Pétersbourg. Or, pour la danseuse slave qu'est Mlle Vronska, faite de lyrisme et d'élévation, s'énonçant en grands jetés, en arabesques vastes, ponctuant de temps levés la diagonale du plateau, il faut, avant tout, de la marge. A voir ce grand oiseau de mer se heurter aux barreaux d'une cage rococo, on éprouve une sympathie douloureuse. Car comme l'Albatros du poète, ses ailes trop longues l'empêchent de marcher.

Et cependant Mlle Vronska est un premier sujet qui ferait honneur à n'importe quelle Académie de danse nationale, royale ou soviétique. Mais nous semblons traverser un moment où les qualités de style, la haute tenue traditionnelle, le respect du métier ne paraissent pas être le moyen de parvenir. Si l'on ne sait rien faire, on a la ressource d' « innover ». Mais si l'on fait bien, rien à faire.

25 NOVEMBRE

L'ÉCOLE DU CRITIQUE

UNE LEÇON DE ZAMBELLI. — DIVAGATION
SUR QUELQUES MONSTRES.

Le directeur de l'Opéra m'a autorisé à visiter
les classes de danse. Je suis très sensible à cette
marque de confiance. Aussi n'est-ce aucunement en intrus encombrant et loquace que j'ai
voulu assister aux leçons. On ne saurait faire
du bruit dans un laboratoire. Dans cette atmosphère de travail la critique volontiers abdique.
D'ailleurs, on est complètement absorbé par la
préoccupation de voir juste et par la volupté de
mieux comprendre. Même quand le professeur
indique du bout de son jonc une attitude défectueuse — et qui vous échappe pourtant — d'un
sujet, vous avez, tout critique que vous êtes, la
sensation d'un écolier pris en faute. Et si les
observations directes effectuées pendant les
leçons ont pu m'inspirer quelques jugements
nouveaux, eh bien, ils resteront des jugements
à huis clos.

J'ai donc commencé mon voyage d'études par l'ascension des sommets hiérarchiques de l'enseignement : la classe des grands sujets dirigée par Mlle Zambelli, celle des petits sujets que régit M. Aveline. Les méthodes des deux professeurs sont d'ailleurs à tel point homogènes, leurs efforts si exactement coordonnés que la petite classe apparaît comme un entraînement pour la grande. C'est quand une élève le quitte pour Mlle Zambelli qu'Aveline triomphe. Son cours est un purgatoire qui donne sur l'empyrée.

La première chose qui vous impressionne, c'est le lieu ; la rotonde sous la coupole, avec sa lumière blafarde, si chère à Degas, qui durcit les linéaments et fait saillir les reliefs, la nudité, l'extrême dépouillement de cet atelier de danse. Rien ne subsiste des sortilèges et des escamotages de la rampe. Rejetés comme un masque les petits sourires dont se délecte, au Foyer de la Danse, le désœuvrement des abonnés mûrs. Aucun accessoire, aucun colifichet oiseux. Le costume est le « tutu » réglementaire, uniforme de danse... Il va être midi ; on travaille depuis dix heures et demie. Puis on s'en ira : les professeurs resteront à travailler pour eux-mêmes ; on répétera pendant l'après-midi et le soir on dansera : voilà cette existence qu'on aime croire frivole et évaporée. A considérer ce labeur, cette continuelle tension de l'être vers la perfection, on ne peut être qu'ému. Si réellement le travail ennoblit, c'est là le plus noble des métiers.

Mais à quoi bon, direz-vous, cet effort continu, implacable cette emprise de la discipline qui depuis l'âge de huit ans et jusqu'au moment du plus douloureux des renoncements s'appesantit sur un être de grâce et de faiblesse ? Quelle décevante vocation que celle-ci, où l'on n'a jamais fini d'apprendre et où, tous les jours, on peut déchoir.

Voyez la leçon de Mlle Zambelli: Toutes ces jeunes personnes qui exécutent à la barre la série habituelle des exercices, battements, ronds de jambe, pliés, pratiquent depuis dix ou douze ans le langage classique. Son vocabulaire leur est familier. Toutes ont déjà obtenu des succès personnels. Et pourtant nous les voyons réciter l'alphabet. Viennent les enchaînements. Le professeur commence par *marquer* les pas en les *énumérant*; les élèves se rendent compte qu'elles ont compris en marquant les pas *avec les mains*. Et telle est la force de l'expérience, l'automatisme acquis, que l'enchaînement est exécuté sans défaillances, tel qu'il a été pensé par la maîtresse. A peine son jonc frappe-t-il le plancher pour donner plus de netteté au rythme. Les observations sont rares, laconiques, purement techniques et portent sur le détail. *Ne laissez pas tomber le genou* ! Ou bien : « que faites-vous de votre bras gauche ? Ramenez-le donc en arrière; vous êtes en arabesque ouverte. »

C'est bien peu de chose, n'est-ce pas ? Une leçon de maintien donnée par une institutrice pédantesque ? « Tiens-toi droit, ou je te mettrai une règle dans le dos » comme nous disait jadis le maître d'études. Chinoiserie périmée qui s'attache, se cramponne aux petitesses d'une tradition figée? Et laisserons-nous échapper l'occasion de faire sur le « jeté-battu » un de ces bons mots qui sont la revanche de l'ignorance béate.

Eh bien, non ! Cette petite défaillance, cette déviation du mouvement qu'avait perçue l'œil infaillible, sombre et lumineux de l'Italienne que son verbe bref et incisif va relever — mais c'est un effondrement, une catastrophe ! Car elle compromet, cette faute d'exécution, l'ensemble *tectonique* de l'attitude, sa logique *constructive* et, par ce fait même, son prestige *plastique*. Elle introduit un facteur *fortuit* dans une *formule* ratifiée par un siècle d'expérience. Elle fait grimacer la perfection. Ne laissez pas tomber le genou, mesdames ! Car cela serait un vandalisme inouï ! Vous briseriez cette ligne de l'arabesque, la plus émouvante qu'ait réalisée la pensée classique, cette ligne qui va de la pointe de la jambe ramenée en arrière jusqu'à la pointe des doigts de votre main à plat, portée en avant. Cette ligne droite grandiose autour de laquelle jouent des courbes charmantes et qui coupe sous un angle variable le plan vertical de l'aplomb, respectons-la, car elle est un triomphe aussi grand de l'esprit humain que les contreforts d'une cathédrale gothique ou la colonnade du Parthénon. C'est la *fonction* traduite en *beauté*.

Et ramenez donc votre bras, vous, Mademoiselle, puisque Zambelli l'ordonne. Car vous sapez votre équilibre et Zambelli prévoit le dénouement. Vous n'avez pas de contre-poids et votre pirouette va chavirer. Il y aura un arrêt. Le dynamisme du pas va être brisé; l'ensemble en pâtira. Vous sacrifiez à une pose qui vous plaît le mouvement et ses lois inexorables. Mais le professeur intervient et redresse l'erreur.

C'est pourquoi vous, qui avez du talent, du succès, de la beauté, qui serez demain étoile comme Zambelli, vous dites humblement :

— Oui, mademoiselle ! Merci, mademoiselle !

Et docilement, vous reprenez le pas que vous avez manqué.

Voilà ce qui se passe à la leçon des grands sujets où nous avons pu croire un instant qu'il ne se passait rien.

*
* *

Mais à quoi bon ! Que fait, en usant d'un tel despotisme, le professeur de ses élèves? Mais il en fait des *monstres*, comme il en est un lui-même. Car vous êtes un monstre sublime,

Carlotta Zambelli ! Et vous l'êtes presque, Lorcia, Craponne, Roselly, monstre blond et rose. Et vous le serez demain, Bourgat !

Pour faire une *danseuse* d'une enfant gracieuse il faut commencer par la *déshumaniser*. Ses muscles se plient aux nécessités du mouvement voulu. Ses jambes se tournent en dehors pour amplifier les ressources de l'aplomb. Son torse devient un volume plastique. Ses membres n'agissent plus qu'en fonction d'un mouvement d'ensemble. Ses linéaments affectent des tracés abstraits et symétriques. La danseuse formée reste un être artificiel, factice, un instrument de précision et il lui faut un labeur quotidien pour échapper à la récidive de son humanité première, non transposée. Son être s'empreint de cette même unité, de cette même conformité à sa destination qui fait la beauté saisissante d'une Citroën, d'un avion perfectionné où tout, détails, aspect d'ensemble expriment une suprême fonction : celle de la vitesse. Seulement, l'avion est conçu dans un sens utilitaire ; la notion de beauté s'y superpose. Quant à la danseuse classique, sa transfiguration incessante est le résultat d'une volonté désintéressée de perfection, d'une soif inextinguible de se dépasser. Et c'est ainsi que la fonction mécanique se transforme en phénomène esthétique. La danseuse serait donc une machine ? Eh oui ! Une machine à fabriquer de la beauté.

J'ai vu récemment au Salon d'Automne, un

portrait de danseuse, celui de la Pavlova, par
Sorine. Eh bien, abstraction faite du « tutu »,
et en supposant le modèle inconnu, — ce portrait ne peut être que celui d'une danseuse. *Tout*
dans cette figure aiguë, amenuisée, dans ces
épaules basses, d'un galbe si délicat, dans ce
cou robuste comme une colonne, dans ces
avant-bras aux veines saillantes, tout dans cet
être est formé, pétri, ciselé, spiritualisé par la
danse classique, gymnastique du corps et
exaltation de l'esprit. Ah ! que ce n'est pas là
une jolie femme !

C'est bien un monstre ! Une étoile qui
danse.

P.-S. — Je me rends compte que je suis en
retard avec les comptes rendus de nombreuses
manifestations de danse, « récitals », interpré-
tations de musique dont je me suis rendu com-
plice en y assistant. Je m'engage donc à combler cette lacune dès que j'en aurai le courage.
Comme c'est toujours la même chose ou peu
s'en faut, j'ai l'intention de préparer un article
définitif et *ne varietur* qu'on fera passer tous
les huit jours ou plutôt une seule fois et que
le public, ayant noté la date, relira tous les
lundis.

3 DÉCEMBRE

DANSES DU « GRAND MOGOL »

La partition de danse que comporte *Le Grand Mogol* se déroule selon des rythmes symétriques et carrés qu'aucune préoccupation de couleur locale ne vient agrémenter ou tourmenter. Aussi, Mme Stichel, maîtresse de ballet, a-t-elle pris le parti fort judicieux de ne pas utiliser cette musique parisienne du siècle passé pour en tirer quelque variante de *Shéhérazade*, ou bien quelque autre plagiat exotique. Elle a disposé les groupes et dirigé le mouvement d'ensemble de son corps de ballet avec simplicité et symétrie.

Si le résultat manque très ostensiblement de caractère et d'inédit, la tenue du petit ballet reste bonne et discrète : groupes bien équilibrés, lignes amples.

L'interprétation est honorable, régulière sans être éclatante ; le corps de ballet, assez bien éduqué, est à la hauteur de sa tâche — qui n'est pas écrasante.

Mlle Vronska, danseuse étoile, a été dans son

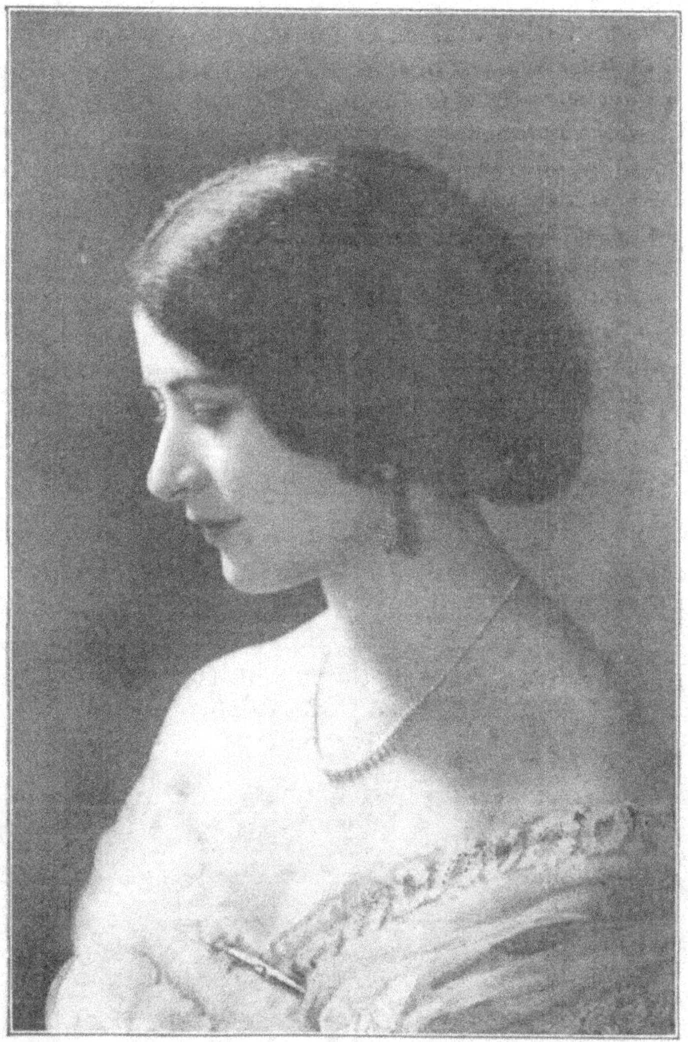

Mlle MONA PAÏVA

pays grand sujet du ballet impérial. Je mentionne le fait, car cette simplicité altière, ce grand air étranger à toute minauderie comme à toute outrance me semblent tenir à l'atmosphère même des grands théâtres de Cour. Mlle Vronska a exécuté ses trois entrées consécutives dans une allure graduée qui aboutit au *presto*, avec l'aisance et l'ampleur que nous lui connaissions ; la technique de ses pointes, de son cou-de-pied est robuste. Quel dommage qu'il n'y ait, à la Gaîté, pour la seconder, de danseur de la même envergure ! Sans la participation de la danse masculine, tout ballet reste incomplet, aucune étoile ne peut donner sa mesure. Cette lacune a été comblée par une deuxième danseuse étoile. Nous nous demandons quel genre de satisfaction peut tirer l'artiste, qui détient ce rôle, de l'interprétation de pas qui, quoique fort simples, outrepassent ses moyens d'une manière trop évidente ?

4 DÉCEMBRE

GRANDS MOTS, PETITES DANSES

Je suis en retard pour les comptes rendus de
plusieurs spectacles de danse ; il sied donc que
je liquide cette obligation sans délai.

Au *Salon d'Automne* M. Malkovsky a donné
un spectacle auquel il applique la définition tant soit peu paradoxale de « récital de
danse ». Or nous trouvâmes dans le programme
des indications comme celle-ci : *Polonaise* de
Chopin, *Chant homérique* (inspiré par le Michel
Angello). A elle seule, une telle macédoine de
styles, inconcevable élucubration d'un primaire
mégalomane, aurait pu suffire pour classer l'artiste. Nous n'avons pas voulu tenir compte de
ce fastidieux verbiage qui pouvait en somme
n'être qu'une maladresse. Nous sommes allé
voir l'homme. Hélas ! Une pénurie extrême de
ressources correspond à ces excès verbaux,
une sensibilité blafarde à de si pathétiques pro-
messes. Ce fut une pantomime incolore corsée
par des effets d'éclairage d'un agencement bien
primitif. Une scène mimée dans le silence à

grand renfort de gestes *imitatifs* put être comprise par le public grâce à un argument détaillé,
précaution qui est une belle preuve d'impuissance. Le public est admirable au *Salon d'Automne*, très nombreux, attentif. Mais aussi quel
péril que de se présenter devant des gens qui
viennent de se remplir la vue et l'âme des gris-
perlé de Braque et des savantes rondeurs des
Maillol !

Dans la même salle, Mlle Isabel d'Etchessary
a présenté la *Danse polyrythmique* qui est
aussi une « danse sans musique » et qui
s'énonce sous les espèces de « chœurs du
silence » autrement dit de « poèmes chorégraphiques ». Voilà encore une terminologie de
grand luxe.

J'avoue en vouloir à Mlle d'Etchessary, voilà
déjà un mois : depuis la générale de *Peer Gynt*,
dont elle régla les danses. Je ne savais pas l'artiste si prétentieuse ; je me suis donc tu. D'ailleurs, il y avait dans ce travail une inconscience
du problème qui désarmait la critique. Mais je
n'ai oublié ni cet exotisme imité des Folies-Bergère, dont s'inspiraient les danses d'ensemble,
d'ailleurs inutiles à l'action, ni cette danse
d'Anitra que Mlle d'Etchessary a voulue séduisante, lascive et souple et qui aurait dû être une
parodié d'un orientalisme narquois, voire bouffon.

Mlle d'Etchessary a exécuté avec plusieurs
élèves (pourquoi une éducatrice fait-elle para-

der les noms de ses élèves sur un programme ?)
plusieurs pantomimes dans le silence, où la musique est remplacée par un tapage terrible de
pieds sur les planches disjointes du plateau.
On mima, on sautilla, ou « fit des pointes ». C'est
que Mlle d'Etchessary a certaines notions de la
gymnastique classique ; elle semble éprouver
une volupté à déformer ces vestiges rudimentaires d'une danse de grand style. Puis Mlle d'Etchessary a parlé de ses intentions qui sont
plausibles ; celles avant tout d'exprimer sa sensibilité au moyen de la danse sans recourir à
l'intermédiaire de la musique. Mais cependant, à
quoi bon minauder et faire ces grands gestes,
censés être d'une spontanéité naïve, avec le
bras gauche ? Ah ! que tout cela frise le cabotinage !

Au vendredi de Mlle Jeanne Ronsay, à la
Comédie-Montaigne, l'atmosphère intellectuelle
est bien plus pure. Une telle tension intérieure,
une volonté si concentrée pénètre toute la personne de la danseuse qu'on en est attendri.
Mais tout est refusé à Mlle Ronsay qui aurait
pu faire aboutir cette ferveur. Ce n'est pas seulement la pauvreté de sa technique qui fait que
rien ne porte ; c'est aussi l'absence de prestige
plastique, de ce rayonnement du corps qui fait
qu'une grande danseuse tient la salle avant
d'avoir esquissé le moindre pas. Une Pawlova,
une Zambelli peuvent rester immobiles ; ce qu'il
y a en elles de mouvement *latent* suffit pour

nous ravir. « La vocation sans talent », dit Théophile Gautier dans un feuilleton de 1837, « chose plus commune que l'on ne pense, l'amour insensé pour une muse qui ne vous le rend pas... quoi de plus triste, de plus humain » ! Aussi nous ne pouvons offrir à Mlle Ronsay que peu de chose : notre estime pour sa sincérité... Nous constaterons également qu'elle a un public nombreux et fidèle.

Et pour nous soustraire aux tuniques grecques et aux peplums duncaniens, mentionnons Vicente Escudero, qui a dansé à la Salle Gaveau des danses de son pays. Très belle, la danse masculine espagnole : torse cambré, tension nerveuse de tout l'être, variété inouïe de rythmes et de timbres que le danseur tire de ses talons et de ses semelles. Le plateau en vibre comme la peau d'un tambour. Escudero est un danseur de terroir ; il ne transpose ni ne stylise ; il parle son langage naturel. J'ignore s'il a du talent. Mais pourrait-on dire d'un oiseau qui chante sur la branche s'il a du talent ou non ? C'est aussi là ma sensation quand je vois Escudero virer lentement, les coudes écartés, en trépignant avec une frénésie admirablement mesurée.

Voilà bien des choses rattrapées. Aussi puis-je remettre à un jour très proche la critique des soirées des filleules de Duncan, celle de Matray que je n'ai pas encore pu voir, celle aussi d'un audacieux et attrayant spectacle de danse qu'on vient d'inaugurer au dancing du Moulin-Rouge.

10 DÉCEMBRE

« LE FESTIN DE L'ARAIGNÉE »

Le Festin de l'Araignée n'a pas été imaginé
par un maître de ballet. Un musicien spontané
et subtil l'a composé en s'inspirant de la pensée d'un poète. La chorégraphie est ajoutée
après coup. Ceci, pour la critique, détermine
le point de départ. La partition de danse
adhère-t-elle au texte musical, augmente-t-elle
la portée de l'œuvre ? Celle-ci ne s'en trouve-
t-elle pas endolorie, amoindrie ? Le spectateur
ne se sent-il pas frustré, par la réalisation scénique, d'un peu de cette rêverie délectable qu'il
a éprouvée au concert ?

A l'intelligent courage d'un grand directeur
comme celui de l'Opéra-Comique, nous croyons
devoir la plus intransigeante franchise. La chorégraphie *simpliste* et *usée* ainsi que l'ensemble
de la mise en scène ont fait songer au Châtelet
et aux frères Cognard. Voilà bien des éléments
dont s'accommoderait la *Reine des Carottes*
mais qui ne s'amalgament point avec la matière
musicale de l'œuvre.

La tâche, d'ailleurs, est loin d'être aisée. Il y a, dans la toile d'araignée de M. Roussel, des mailles si fines que la plus menue pointe de danseuse s'y prendrait. Le corps humain, instrument superbe, est d'un emploi limité. Il y a des allures irréalisables pour lui, les « rubati », brusques changements de temps, le déconcertent, les coupes trop diverses d'un rythme syncopé lui échappent. Aussi se plaît-il, cet instrument, aux rythmes francs, marqués et symétriques, aux cantilènes distinctement phrasées. C'est pourquoi l'exécution de certaines œuvres modernes par des danseurs n'est, pour le musicien, qu'un aimable leurre.

Ceci admis, avouons que mainte suggestion rythmique de M. Roussel a été méconnue ou bien pauvrement traduite par la danse, que mainte autre n'a pas été utilisée du tout. Distinctement, parfois nous *entendions* danser; mais nous n'apercevions rien sur la scène.

Les acteurs de cette fiction entomologique sont des insectes ou des lépidoptères. La ressource indiquée au maître de ballet c'est donc le mouvement *imitatif*. Ressource aucunement négligeable : Aristophane n'en a-t-il pas, dans les *Oiseaux* ou dans les *Guêpes*, usé magistralement ? Et je songe à ces danses des oiseaux et des cerfs filmées en Afrique occidentale et exécutées par des indigènes : ce sont des merveilles de mouvement stylisé et d'une utilisation caractéristique de l'accessoire. Routi-

niers parisiens, que trop d'insouciance paralyse,
méfiez-vous des Siki de la danse !

Car vous avez préféré le moindre effort, l'à-
peu-près négligent. Tout ce petit monde aérien
qui bat, sous la baguette du chef d'orchestre,
de ses ailes diaprées, exigeait sur la scène de
grandes envolées de temps sautés. Le plateau
serait trop petit ? Mais faites usage du saut vertical, du jeu étincelant des entrechats. Organi-
sez la danse en hauteur par des enlèvements
inédits. Il est vrai qu'il n'y a pas de danseur à
l'Opéra-Comique. Les danseurs doivent chercher ailleurs.

Le décor, les costumes sont signés par un
maître. Ce qui n'empêche que ce sont des
choses qui n'ont rien à voir avec le théâtre.
Les accoutrements des mantes religieuses sont
des camisoles de force qui entravent le mouvement. Le décor est une vignette agrandie et
coloriée avec goût. Mais la scène n'est pas la
page d'un bouquin, elle n'est pas une *surface* :
c'est un *espace* où des danseurs évoluent.

Somme toute, c'est un spectacle à base d'une
partition admirable, comportant certaines trouvailles heureuses, mais combien incohérent, illo-
gique, confus. Il manque une *conception*, une
direction voulue et maintenue dans le moindre
détail, une *volonté unique* capable de coordon-
ner, d'intégrer les éléments de l'œuvre. Telle
quelle, elle n'est qu'un argument pour ceux qui
tournent le dos au théâtre lyrique pour mieux

goûter une partition au piano, en tête à tête avec la pensée du musicien.

Même incohérence dans la distribution. Mlle Mado Minty n'est ni une danseuse, ni une mime. C'est une acrobate : bel et périlleux métier. Elle semble réellement habiter sa toile ; elle circule de maille en maille, s'accroche, se suspend, guette les victimes ; mais elle est surtout préoccupée de sa gymnastique. On dirait un mousse qui grimpe dans les cordages tandis que la musique, sur le pont, joue pour les autres. Mlle Minty se désintéresse absolument des rythmes et des mètres chers à M. Roussel; elle a autre chose à faire. Très souple avec cela ; la mort de l'araignée est remarquablement exécutée.

Mlle Monna Païva danse l'Ephémère. Il y a des chanteurs dont on dit : ils ont un *filet de voix*. Par leur manière d'émettre et de nuancer le son, par la justesse de l'intonation ils nous procurent un agrément très réel. Mais l'ampleur, le volume leur manquent. C'est un peu le cas de Mlle Païva, danseuse ; c'est même tout à fait son cas. Mais elle exécute avec une élégance discrète, avec une correction qui s'enrichit à vue d'œil de nuances nouvelles ; on reconnaît l'élève assidue de l'admirable professeur qu'est Mme d'Alessandri. Un peu de ballon, s'il vous plaît, Mademoiselle Soulé ! Vous êtes un papillon. Justifiez vos ailes !

11 DÉCEMBRE

LA QUERELLE DES ANCIENS
ET DES MODERNES

Le procès de miss Duncan. — Les têtes de l'hydre. — Chopin chez la Goulue. — Mon courrier.

Certes, Miss Isadora Duncan est une grande coupable. Elle a été l'aiguilleur qui lança la danse dans une voie sans issue et la fit dérailler. Son hellénisme de maîtresse d'école enthousiaste produisit des ravages inouïs. Son dilettantisme musical sévit comme une épidémie. *Lève-toi, Lazare, et danse !* clama la démagogue américaine. Et mille jeunes filles se reconnurent subitement danseuses. Une armée surgit autour d'Isadora, une internationale de déchaussées. A grands coups de ses larges pieds nus elle fit sauter Beethoven, courir Chopin, trotter Gluck. Proclamée la rédemptrice du corps qu'elle affranchissait de toute entrave conventionnelle, elle entra dans la gloire. Elle amenait, affirmait-on, une renaissance.

J'ai, en Russie, un ami très cher : un de nos plus subtils critiques. Une intelligence que je nommerai gourmontienne et une sensibilité très pure habitent un corps malingre et difforme. Infirme, il se traîne péniblement à l'aide d'une béquille et d'une canne. Et bien cet homme fut à tel point transporté par le « miracle » duncanien qu'il déclara son art être « le moyen pour nous tous de devenir beaux ».

Sans doute la personnalité de la danseuse était-elle pour beaucoup dans cet engouement, ou plutôt dans cette idôlatrie. Sans beauté, avec sa figure d'institutrice sympathique, son torse sans souplesse, ses pieds comme aplatis et élargis par vingt ans de piétinement sur les plantes nues, Isadora conserve je ne sais quel prestige plastique. Son geste est sobre, parfois évocateur. Et si sa musicalité apparaît douteuse, approximative, le don de l'émotion féconde lui appartient. Sa technique à peu près nulle, se laisse assimiler en vingt-quatre heures par n'importe quelle danseuse. Son audace, par contre, est incommensurable, géniale. Ses élèves et imitatrices, sont innombrables ; pour la suivre on n'a même pas besoin d'audace !

Cependant Isadora aura été utile à la danse. Utile comme l'est un bon petit incendie pour l'embellissement d'un quartier.

Quand Isadora parut, la danse languissait depuis une vingtaine d'années. Les danseuses classiques continuaient leur tâche ardue dans un isolement moral complet ; artistes et poètes se désintéressaient de cette grande tradition. Et la royauté naguère incomparable de l'étoile ne conservait de cette cour, dont Théophile Gautier, Jules Janin, Théodore de Banville, Stéphane Mallarmé, Gavarni et Lamy avaient été les hauts dignitaires, que le dernier carré des abonnés décrépits. Admirable, le « quand même » de ces quelques femmes à l'esprit simple et droit, à l'instinct juste, qui surent maintenir, malgré et contre tous, leur conviction inébranlée et leur métier intact. Car être étoile, il y a encore quelques années, c'était un honneur périlleux.

Eh bien, c'est Isadora qui ramena les foules vers la danse, qui lui créa un nouveau public. Elle sut déterminer un mouvement d'opinion. Cela reste acquis, bien qu'elle usât de sa puissance très réelle pour instaurer des conceptions déplorables et mesquines, qu'elle faussât la sensibilité de ce public. Grâce à elle, ceux qui viennent déblayer le terrain pour reconstruire, ne s'agitent pas dans le vide. Et c'est ainsi que la portée de son effort, quoique négative, apparaît considérable et propice.

*
* *

Nous avons dit que les enfants spirituels de cette prodigieuse mère Gigogne étaient innombrables. Anna, Lisa et Margot, que j'ai vues

danser les deux « Iphigénies » du chevalier
Gluck au théâtre des Champs-Elysées, ont pris,
par pitié filiale, le nom de leur éducatrice,
Duncan : voilà donc trois têtes bien charmantes qui poussent à l'hydre du duncanisme.
Celle, petite, d'Anna, aux traits qui, volontiers,
s'empreignent d'une douloureuse extase, admirablement placée sur un cou élégant ; celle de
Lisa, beauté vénitienne, blonde aux sourcils
noirs qui semble avoir échangé le domino et la
baute d'un personnage de Gozzi contre la
tunique grecque; celle de Margot, écolière sage.
Ce qu'elles font ? Elles imitent la « maman »,
trottinent tout autour de la musique et dans
les mouvements simultanés n'arrivent pas à
s'entendre. Dans les jeux des suivantes d'Iphi-
génie, les gestes imitatifs sont très gracieux.
Il est vrai qu'Isadora exécutait à elle seule cette
danse ; elle suffisait, seule, à évoquer tout le
chœur. C'est ainsi que, dans sa danse d'après
Botticelli, elle était le vent, les nymphes, Vénus,
— tout le Printemps. Aussi les trois jeunes filles
n'arrivent-elles pas à effacer ce qu'elle avait
réalisé seule. Et puis ? Anna est très pathétique
dans une marche entravée par un long hyma-
tion. Mais l'impression de monotonie domine
tout. Combien le système a vieilli ; tout y est
poncif; la configuration du pas de course et de
marche, le jeu des poignets; à vingt ans le duncanisme radote déjà.

Tout cela n'empêche pas que je trouve les

trois enfants charmantes ; un lyrisme très pur
émane de leur attitude ; rien de trivial n'entache
leur tenue d'apprenties prêtresses. Quel dommage qu'on ne leur ait pas appris à danser !

*
* *

Il allait être minuit quand nous pénétrâmes
l'autre soir dans ce fourré touffu de la jungle
parisienne qui a nom « le Moulin Rouge ».
Aveuglés par les projecteurs, engloutis par un
immense vacarme, nous nous frayâmes un chemin à travers une foule compacte d'indigènes
montmartrois. Avec une obstination et une monotonie de derviches fanatisés, ceux-ci piétinaient religieusement l'immense tremplin, le
regard fixe et un peu fou. Car, dans les danses
entravées, l'homme et la femme ne se regardent
jamais. Puis une sonnette retentit, la cohue
s'écarte, un chasseur nègre balaye le plancher
et voilà qu'un blanc essaim de tutus romantiques envahit la place. Il n'y a pas de scène ;
le spectateur est à niveau des danseurs ou bien
son regard plonge des estrades élevées dans
l'écume fraîche du corps de ballet. A peine les
féroces stridences du jazz se sont-elles tues et
déjà l'âme de Chopin plane, suave et désolée,
sur le silence haletant de la multitude. Les
blanches ombres glissent sur la mélodie, qui
s'égrène, en l'effleurant à peine de leurs pointes
chaussées de satin rose ; elles ne s'interposent

point, agressives, entre nous et la musique.
Elles en montent, telle une vapeur, et retombent
en flocons de neige. Alors, dans la solitude et
dans la nuit qu'évoque la plainte modulée du
violon, se déroule le duo muet des amants.
Dans la plénitude même de leurs cœurs, il y a
un tourment, un bonheur déchirant qu'ils ne sauraient dire. Aussi ils dansent l'ineffable, absor-
bés dans l'adage comme dans un rêve jusqu'à ce
que l'homme enlève la jeune fille en triomphant, jubilant, enivré de sa force, la tende vers
le ciel imaginaire, aux invisibles étoiles. Mais
voilà que l'aube point dans l'orchestre et une
valse rapide enveloppe tous les danseurs dans
un allègre tourbillon.

C'est M. Sandrini qui a réglé les évolutions
d'un corps de ballet jeune et actif que certains
théâtres subventionnés ou municipaux ont tout
lieu de lui envier. Robert Quinault et Iris Rowe
sont les protagonistes ; je ne fais que les citer,
car un spectacle très prochain doit me fournir
l'occasion de parler longuement d'un danseur
que j'admire et de sa digne élève.

Mais je tiens à enregistrer l'expérience. Celle
d'un ballet classique qui s'épanouit dans cette
salle de bal houleuse, dans cette atmosphère
fauve de poussière et de sueur. Et je ne saurais
oublier cette foule montmartroise, sensuelle et
gouailleuse, qui se courbe et se tait devant ce
grand souffle qui passe.

D'ailleurs, cette emprise de la danse sur

un public à peu près aussi candide et par con-
séquent aussi exigeant, je la constate réguliè-
rement à « l'Olympia », surtout à ces terribles
matinées où il n'y a pas de désœuvrés, mais
uniquement des amateurs sérieux, des connais-
seurs, des sportifs. J'y ai vu les ballets fantastiques de Matray qui supplée par l'invention
grotesque, par le bon goût des décors (amalgame de procédés cubistes avec la saveur des
images populaires) à ce qui pourrait lui manquer
d'autorité comme danseur. C'est un succédané, si
l'on veut ; mais ce n'est pas déplaisant. Une
jeune Russe. Génia Nicolaeva, qui double
Matray dans la parade d'Arlequin, semble avoir
l'étoffe d'un sujet classique. J'ai vu aussi
Mlle Argentina, l'Espagnole. J'ai aimé son profil aigu, sa cambrure naturelle, la sobriété des
moyens employés, la prestigieuse vie rythmique qui anime l'alerte babillage de ses castagnettes et le jeu serré de ses talons. Ses robes
sont discrètes et charmantes, surtout celles en
batiste blanche à falbalas et à traîne. Ses « zingara » et « allegria » sont d'une *danseuse* et
non d'un de ces beaux modèles ou mannequins
de luxe qui commencent à nous arriver d'Espagne.

*
* *

Sur ce, il me parvient une lettre fort cour-
toise et dont le signataire porte un nom à moi
inconnu. Ce lecteur m'écrit pour me reprocher

mon parti pris en faveur de la danse classique.
Celle-ci a, selon lui, une valeur indiscutable ;
mais c'est du déjà vu. Or le public français
serait routinier et conservateur par lui-même.
Et mon correspondant m'accuse d'user et d'abu-
ser de l'influence, qu'il veut bien m'attribuer,
pour entretenir cet esprit de routine.

Rien de plus aisé que de remettre les choses
au point. Sans doute la danse classique dure en
évoluant depuis deux siècles, ou peu s'en faut.
Elle n'en reste pas moins une chose à peu près
inédite. Car notre génération, ou plutôt la pré-
cédente, n'a pas su la *voir*. Ce genre de cécité
intellectuelle, de daltonisme esthétique n'est pas
chose rare. J'œuvre humblement à rééduquer
cette faculté de percevoir la beauté chorégraphique. Je m'enorgueillis déjà de maintes cures
heureuses, de mainte conversion éclatante. Car
tous mes lecteurs ne m'en veulent pas et j'en
ai des preuves. Pourquoi ai-je pu réussir si vite ?
Mais parce que l'élite moderne aspire à un art
désintéressé, censtructif, fidèle à sa loi intérieure, à ses caractères spécifiques. C'est pourquoi, une fois ses yeux dessillés, elle est irrésistiblement attirée vers la danse classique,
abstraite, s'énonçant en symboles linéaires,
organisant le mouvement comme l'architecture
organise l'espace et la sculpture les volumes
plastiques.

J'ai toujours été profondément indifférent
à la question de savoir si je suis ou non

« à la page ». Mais pour le coup, je le suis plus
que vous, mon aimable correspondant. Vous
prétendez avoir trop vu la danse classique. Il se
peut que vous ne l'ayez, au fond, jamais vue.
D'ailleurs, cette accusation de parti pris ne tient
pas debout. On m'a vu perdu d'admiration
devant le ballet cambodgien ; les danseuses
populaires, espagnoles ou bamboulas, m'em-
poignent — et je ne suis aucunement insensible
à cette maxixe qu'exécute le poney noir du
clown Pepino. C'est que ce poney possède une
technique. Et tout genre, quel qu'il soit, basé
sur une technique réelle, a toujours été apprécié par moi avec une déférence facilement
enthousiaste.

Vous m'écrivez que vous voulez être *éclec-
tique*, Monsieur (ou Madame). Si vous êtes,
comme moi, amateur, théoricien, critique, je vous
en félicite. Nous sommes d'accord. Si vous
êtes un danseur, je vous recommande autre
chose : une *conviction*. Où vous n'aboutirez
jamais.

15 DÉCEMBRE

LA REVANCHE DE LA DANSE [1]

On a vu depuis peu maintes artistes, théoriciennes ou spontanées, exécuter des danses dans le silence. Si d'autres s'en tiennent avant tout à l'interprétation de la musique ou encore tentent de la « traduire intégralement », si Mlle Sérac use de la musique comme d'un agent psychologique qui, ayant déclanché l'improvisation plastique, n'intervient plus pendant que celle-ci s'accomplit, — certaines danseuses ont résolument éliminé de leur art toute base musicale. Elles ne veulent plus de la musique ni comme d'un régulateur du rythme, ni comme d'un décor sonore, ni comme d'une source d'émotions fécondes et de suggestions motrices.

Certes, elles n'ont pas abouti. D'ailleurs, pour aboutir, pour l'emporter dans ce duel avec les enchantements de la musique, il aurait fallu une autorité plastique, une plénitude du mouvement à peine imaginables. Aussi, dans

1. Paru dans le numéro 1 de la *Gazette des Sept Arts*.

toutes les tentatives qu'il m'est arrivé d'observer

« Seul le silence est grand. Le reste est faiblesse. »

Ceci dit, je me prends à songer à d'autres danses dans le silence, réalisées intentionnellement, mais avec des résultats frappants. J'ai vu des danseurs classiques s'exercer sans accompagnement. Autant qu'ils restaient à la barre ou qu'ils exécutaient l'exercice proprement dit, la disposition rythmique était impeccable. Dans les séries de temps battus ou sautés, ronds de jambes ou entrechats-six, la concordance de durée entre les mouvements consécutifs et identiques avait l'exactitude d'un chronomètre. La tension et la détente des muscles agissants se produisait selon un rythme naturel et évident, automatique.

Mais dès que mes danseurs passaient aux enchaînements de pas, ce rythme se désagrégeait, l'équilibre se déplaçait en faveur de l'élément statique, les repos se prolongeaient ou bien le mouvement se précipitait par saccades.

L'expérience nous fait augurer que jamais la danse ne pourra renoncer au support musical. Le contraire tiendrait réellement du miracle. Mais dans toutes ces tentatives, soient-elles désespérées, s'énonce une vérité, une nécessité perçue par l'instinct du danseur moderne : le besoin d'affranchir la danse.

Car la thèse de ces chercheurs qui n'ont pas trouvé, a une grandeur qui est faite pour nous tenter. Elle proclame l'*autonomie* de la danse, qui veut dorénavant ne se conformer qu'à sa loi immanente. La danse ordonne que la musique abdique sa tyrannie, qu'elle plie son rythme aux exigences du rythme naturel du corps humain. La danse obtiendra de la *musique de danse* qu'elle redevienne un *art appliqué*, calqué sur la configuration du mouvement, *ancilla choregraphiæ*. La danse a donné à pleines mains à la musique qui aujourd'hui, présomptueuse, la prime : la forme de la suite, voire de la symphonie, mille impulsions, mille thèmes.

La musique s'obstine, la danse la congédie. Elle use de son droit de défense. Elle déclare le lock-out.

Mais trêve de métaphores ! Un fait est évident. Nous commençons à considérer la danse dans ce qu'elle a de *spécifique*, nous en recherchons la définition propre et l'usage conforme à cette définition. Nous affirmons son indépendance esthétique. Nous constatons que dans la collaboration de la musique avec la danse la priorité revient à cette dernière. C'est elle qui organise le mouvement dans la durée. Les temps ne sont plus, heureusement, quand on prônait une œuvre musicale pour son pittoresque et une œuvre peinte pour ses qualités plastiques. La confusion des modes d'expression artistique dont le « chef-d'œuvre de l'ave-

nir » de Wagner fut la manifestation suprême,
est remplacée peu à peu par une différenciation
fort utile des arts. Ceux-ci, échappés au syncré-
tisme wagnérien, qui était au fond un attentat
de la musique à s'emparer de la toute-puissance,
reprennent conscience d'eux-mêmes. Et la
danse, qui n'est plus dominée, ni par le musicien, ni par le peintre de décors, ni par le poète,
peut souffler un peu avant de reprendre son
élan.

Et nous croyons que sa revanche va être éclatante.

18 DÉCEMBRE

QUINAULT, ROWE

M. Robert Quinault vient d'exécuter à l'Olympia une série de danses, résumé quintessencié de sa technique et de ses idées ; il a massé sur une durée de dix-huit minutes trois poèmes de danse, trois variantes de sa conception. Il a, de plus, intercalé entre ces œuvres des fragments de films qui ajoutent, encore à cet ensemble d'images mouvantes, à ce répertoire de formes ou bien, tournés au ralenti, servent de démonstration et de référence à la partie dansée. Aussi ces brefs instants nous causent une jouissance plus intense, comportent un enseignement plus serré et plus efficace que tels actes d'un ballet encombré de dialogues mimiques et du fatras des accessoires. Ce n'est pas là un « sketch », un abrégé de spectacle qu'on bâcle nonchalamment. Seulement, tout ce qui n'est pas la danse est volontairement éliminé ; celle-ci se suffit à elle-même ; elle suffit à nous combler d'émotions.

Au milieu de ce triptyque de danse s'épa-

nouit le pas de deux classique : adage, variations, coda. Pas de deux « en comprimé »,
dépouillé de toute transition fastidieuse ; les
parties s'enchaînent sans intervalles. La composition est belle et sévère. Quinault y renonce
à tous les subterfuges du comédien, au support d'un sujet, aux suggestions d'une ambiance créée, d'un décor, d'une mise en scène
évocatrice. Ici l'on danse. Mais que pourrait-on
comparer à cette sensation de vie accélérée,
intensifiée que nous causent les triples tours
de la danseuse, au lyrisme vibrant de l'arabesque à laquelle aboutit la rotation de l'hélice
humaine? Et les suprêmes élégances de l'entrechat, et le pathétique triomphe de l'homme
enlevant la danseuse, érigeant de sa droite
tendue le souriant trophée !

Le pas de deux, juxtaposition, opposition, synthèse de l'énergie, de la vigueur, de l'impé-
rieuse domination de l'homme et de la ducti-
lité, de l'abandon, de l'impondérable grâce
féminine, le pas de deux est une conquête de
notre civilisation. Les anciens l'ignoraient. Or
je ne connais rien de plus beau, que tels mouvements identiques, simultanés, parallèles du
danseur et de la danseuse. Voyez « l'analyse »
au ralenti des pas de sissonne. Combien ce
parallélisme, ressource suprême savamment
ménagée par le maître, multiplie et exalte la
beauté intrinsèque de ce saut latéral !

La suite s'ouvre par une danse dont l'inten-

tion grotesque, le parti pris de parodie et de
sarcasme sont évidents mais dont la réalisation
est parfois déconcertante. Quinault et sa danseuse se font un jeu de l'imitation de contor-
sions et gambades de ces danseurs improvisés
et désinvoltes qui ne font qu'un saut du dancing au théâtre. Seulement malgré cet effort
de déformation ironique, malgré leurs masques
hilares la maîtrise de nos danseurs transparaît.
Et quand Rowe portée en triomphe par Quinault, se dressant dans une superbe attitude
fait flotter une énorme toile bariolée qui se
déroule en traîne grandiose, ce n'est plus drôle
du tout car c'est *pathétique*.

Quant à la *Poupée d'Arlequin* qui clôt la
suite, c'est la partie la plus complète, la plus
heureuse, de ce passionnant spectacle. Le
motif comique de la poupée désarticulée est
exploité avec le plus délicat humour. Et l'adage
réunit bon nombre de groupes les plus beaux
que Quinault ait construits. Un Russe auquel
vous auriez confié l'exécution d'une telle donnée
aurait abondé dans un sens violemment burlesque, un Américain se serait laissé emporter
par l'invention acrobatique. Quinault fait triompher le goût français.

De tels hommes sont faits pour rendre à la
danse classique, art français, sa suprématie de
jadis. Sa technique est solide, curieusement
complétée par certains temps hors d'usage et
qu'il réhabilite, son élévation réelle et sans rien

de force. Son sens plastique très vif. Ses entrechats, ses doubles tours en l'air, fixés par
l'objectif, en sont la preuve documentaire et éclatante. Et il est le maître incontesté des « enlèvements » comme Auguste Vestris fut, jadis,
celui de la pirouette. Le taxe-t-on à ce propos
d'acrobatie? Crie-t-on au blasphème? Qu'importe. La danse classique n'est pas une momie.
Et si elle a besoin de sa vieille garde héroïque
qui défend, sans lâcher pied, les accès de
l'Opéra, il lui faut aussi de ces troupes irré-
gulières, de ces francs-tireurs de talent qui
augmentent son territoire. Je songe à cet autre
Quinault, le créateur de la tragédie lyrique qui
fût poignardé dans le dos par un hémistiche
de Boileau. Mais le Quinault d'aujourd'hui ne
se laissera pas faire.

Sa danseuse s'appelle Iris Rowe; il y a un
an ou deux c'était là le nom ignoré d'une petite
dancing-girl; dans un an ou deux ce sera celui
éclatant, d'une étoile. Deux petites merveilles
de pieds admirablement placés, élan magnifique dans les mouvements giratoires, muscles
d'acier, grâce puérile et souple de tout l'être
menu mais bien proportionné, voilà bien des
choses réunies. En perfectionnant le « dehors »
des positions, le « tendu » des dégagés, en
développant son élévation naturelle elle aura
vite distancé mainte illustration chorégraphique
de nos jours.

28 DÉCEMBRE

LES BALLETS LÉONIDOFF

Le plateau du Théâtre des Champs-Elysées, disions-nous dans une conférence récente, est devenu le lieu où s'affrontent, se mesurent et s'étreignent les diverses civilisations théâtrales de l'univers. Et nous applaudissons à la largeur de vues, à l'éclectisme utile de M. Jacques Hébertot quand il nous ramène Zacconi ou nous révèle Stanislavsky.

D'autres fois, par contre, nous aurions préféré une méthode plus sévèrement raisonnée, une sélection plus plausible des spectacles qu'il nous offre:

Les « Ballets Léonidoff » qui se produisent actuellement sur la plus belle scène de Paris ne causent qu'une profonde stupeur. C'est là du Diaghileff pour sous-préfecture, du Massine de pacotille ou bien du Balieff laborieusement démarqué. Aucune nouveauté de conception, aucune qualité solide d'exécution qui aurait pu suppléer au manque de trouvailles inédites. « L'arracheur de dents », pantomime vénitienne

n'est pas sans charme ; il y a là un décor simplifié avec goût. Mais nous avons vu *Pulcinella*
et *Les femmes de bonne humeur* : à quoi bon
cette piquette après ces grands crus. Mais il y
a encore une certaine *Pyrrhique* où l'on voit
l'Iliade accouplée avec une polonaise de Chopin ; l'agencement décoratif, les thèmes plastiques touchent au comble du mauvais goût
prétentieux et grandiloquent : esthétique digne
du hall d'un palace moderne.

L'interprétation est fort inégale ; on distingue
quelques professionnels aux qualités techniques
considérables : M. Caorsi, M. Cercass — bien
proportionné, élégant et susceptible de faire de
grands progrès. Il y a encore un prologue qui,
comme l'héroïne d'un poème de Verlaine, « par-
lait italien avec un accent russe». Quant à la
protagoniste et maîtresse de ballet, Mme Ileana
Léonidoff, elle n'a réellement aucun des dons
requis pour réaliser ce qu'elle a conçu : ni
autorité plastique, ni sensibilité vivace, ni cet
élan naïf qui peut suppléer quelquefois aux
défaillances du métier. Elle fait des pointes
avec acharnement hissée comme sur des
échasses sur ses chaussons rembourrés à outrance, ce qui fait vilainement dévier les linéaments des pieds. Somme toute les « pointes »
ne font pas l'étoile et Mme Léonidoff ne fait pas
grand honneur à l' « off » par lequel se termine
son nom.

28 DÉCEMBRE

NOSTALGIE D'ÉTOILE

De la surface blafarde et vibrante de l'écran, Antinéa se détache ; son ombre souveraine se condense, se matérialise, descend dans l'espace réel d'une scène de music-hall. Mlle Stacia Napierkowska, dansant à l'Alhambra, me fait songer aux légendes de toutes les mythologies où l'on voit déesses ou Péris quitter leur séjour éthéré pour vivre et souffrir parmi les mortels. Combien je comprends cette star du cinéma qui, lasse de sa gloire intangible, se retourne vers son passé de danseuse pour *entendre* les applaudissements d'une salle qu'elle *voit*.

Ce qui fait le charme personnel de sa danse c'est, avec le mystère de ses yeux d'ombre et l'acuité de son profil, surtout la serpentine souplesse du torse et le dessin sinueux des pas. Elle met en valeur les cambrures et les inflexions de son corps par le jeu des tissus pittoresques, châles d'Espagne ou mouchoirs bariolés. Après une danse espagnole qui parcourt le plateau par onduleux méandres, et

qui a un caractère local bien vague, Mlle Napierkowska interprète le *Moment Musical* de Schubert. Pinçant avec coquetterie son tutu léger
et bouffant, un peu penchée, elle marche sur les
pointes, en fléchissant les jambes comme dans
un menuet de jadis, un pas d'une grâce très discrète. Je lui reprocherai pourtant de ne jamais
tendre dûment le genou, ce qui cause une impression de malaise. Puis, c'est l'inévitable, l'inusable, l'insupportable danse d'Anitra, cette rengaine orientaliste qui poursuit le critique de
scène en scène...

Pourquoi l'horizon musical du danseur est-il
si borné? Certes, la pièce de Grieg a un rythme
séduisant et un thème mélodique agréable. Mais
qu'une danseuse qui a vu l'Orient tel qu'il est
et non l'Orient « comme on le danse », se contente de cette petite chose factice et désuète,
j'ai peine à me l'expliquer. Et Schubert? N'aurait-il pas fait autre chose que ce *Moment*
qu'Isadora interpréta il y a vingt ans? Et les
valses, les impromptus? D'ailleurs, pour un pas
au rythme allègre et marqué par ce joli « staccato » des pointes, pourquoi n'avoir pas directement recours aux suites de Rameau ou de Couperin? Le domaine de la musique de danse et
issue de la danse est si vaste, si peu exploré!
Que de recherches et de trouvailles à faire! Et
cependant on se tient à quelques *scies* musicales
qui aliènent au danseur le public des concerts
qui aurait pu devenir le sien.

28 DÉCEMBRE

MADAME BALACHOVA

Mme Alexandra Balachova, étoile du ci-devant
Théâtre Impérial de Moscou et son danseur, le
prodigieux Smolzoff dansent au gala de Femina
quelques-uns de leurs duos qu'ils avaient déjà
interprétés ici, sur ce même plateau. Mme Balachova nous frappe au premier regard par une
certaine plénitude de formes qui diffère de la
silhouette stylisée et émaciée de la ballerine
moderne et fait songer à ces superbes et majes-
tueuses étoiles d'il y a trente ans, les Del Era,
les Heiten.

Dans une étude de Chopin traitée en adage
classique elle achève des doubles tours par des
attitudes et des renversements éperdus sur les
bras de son cavalier qui sont de toute beauté :
ces bras arrondis encadrent avec une grâce
alourdie de langueur sa figure expressive. Sa
danse russe est exécutée avec la grandeur naïve
et désinvolte de la femme de peuple russe, le
pas norvégien est une « humoresque » très heureuse et que la ballerine joue avec un naturel

charmant. La bacchanale de *Samson et Dalila*?
Pantomime érotique désordonnée et frisant la
trivialité. Quant au *Cygne* de Saint-Saëns, je son-
geais en considérant cet oiseau potelé, bien en
chair, et qui agitait ses poignets comme on agite
un mouchoir, au grand coup d'aile et à la douloureuse beauté de celle qui *est* le cygne : Pavlova.

Et je reproche amèrement aux organisateurs
du spectacle de ne pas avoir fait danser à Smolzoff une de ses variations « solo » qui furent
un des événements de la saison passée.

30 DÉCEMBRE

POLYPHÈME

Le rêve de reconstituer l'orchestique des anciens ou bien, pour user de la terminologie plus circonspecte de Gœthe, « s'approchant de la forme ancienne », a de tous temps hanté l'imagination des musiciens et des maîtres de ballet: Gluck et Noverre jadis, Ravel et Fokine hier encore. L'intermezzo de danses intercalé dans *Polyphème* ne prétend point à une pareille évocation. Une belle intention n'aurait d'ailleurs pas pu être réalisée dans le cadre restreint où le ballet étouffait. Car le plateau de la Salle Favart ne s'est pas mis pour les danseurs en frais d'hospitalité. L'idylle bocagère, le « Waldweben » antique imaginé par M. Cras se déroule sur une scène encombrée par d'énormes rochers praticables; de grands arbres sont plantés sur tous les plans, toute une flore artificielle complète la mise en scène. Qu'y avait-il à faire ? Mme Stichel fait tourner son corps de ballet autour des arbres dans une sorte de farandole de cotillon; mais il est difficile de danser une ronde autour d'un arbre en trompe l'œil qui n'est pas rond. Il aurait fallu, au moins, un arbre « plastique ».

L'interprétation? Comment en juger dans ces conditions ? Les artistes se débattent contre l'impossible. Ainsi Diane (Mlle Luparia) a tout juste *une attitude* dans son rôle. Et si nous signalons dans la petite variation de Mlle Soulé quelques entrechats — cinq de volée brillants, si nous constatons les aptitudes plastiques, fort appréciables, de M. Gerlys — nous aurons été aussi explicite que possible.

1er JANVIER 1923

CARTE DE VISITE

Nous avons, au courant de l'année, vécu à l'Opéra tant d'heures magnifiques ou amères mais toujours émouvantes et fécondes, que nous nous faisons un devoir de présenter aux dirigeants et au personnel de l'illustre maison, avec nos amitiés, quelques vœux pour l'année qui commence. Nous souhaitons d'abord qu'on revienne à l'usage si heureusement inauguré des soirées *entièrement* consacrées à la danse qui n'est pas qu'un « vain ornement » du spectacle lyrique. Nous souhaitons encore que les créations en souffrance comme celle de *Cydalise*, qui compte six mois de répétitions, souvent inutiles car interrompues, comme celle de *Padmavati* toujours dans les limbes, soient réalisées dans le plus bref délai; que les reprises faciles à effectuer comme celle des *Deux Pigeons*, si attendus, ne languissent pas infiniment; que la 400e de *Coppélia*, petit chef-d'œuvre français dont le succès est inépuisable, serve d'occasion pour renouveler décors et costumes et pour nous rendre le troisième acte arbitrairement coupé; qu'on maintienne au programme *Castor et Pollux*, qui appartient au fond national, impérissable; qu'on ne laisse pas à l'étranger la gloire d'avoir monté avant l'Opéra des œuvres telles que la *Valse* de Ravel.

Pour que toutes ces aspirations aboutissent, nous souhaitons à l'Opéra de pouvoir compléter les cadres actuels de la troupe de danse qui, aujourd'hui n'est pas dûment outillée pour les grandes entreprises; qu'en maintenant le classement par emplois et le concours annuel, on renonce au système égalitaire du « tour de liste ». On ne devrait pas danser *Cléopâtre* ou *Phryné* parce qu'on est grand sujet, mais en raison de ses aptitudes pour tel rôle ou telle variation. Et l'on pourrait, en matinée, distribuer aux jeunes qui promettent des rôles dépassant leur emploi; cela serait un concours permanent qui stimulerait le travail.

Nous souhaitons que la classe de rythmique reprenne sa place dans l'enseignement auxiliaire; qu'elle se tourne vers les chanteurs et les chœurs qui ont, peut-être, besoin d'elle; que le professeur de rythmique n'usurpe plus les droits du maître de ballet en montant des œuvres hybrides qui, n'ayant rien à voir avec la danse, ont le don d'exaspérer les musiciens à qui elles paraissent s'adresser; qu'on abolisse les « emplois de consolation » comme celui de grand sujet de rythmique qui sapent la hiérarchie naturelle et pourraient être envisagés comme certificats d'incapacité.

Tout cela nous ramène vers l'école de danse qui est l'*avenir*.

Comme aucune juridiction ne trace de limites aux vœux de nouvel an, nous souhaitons à cette école une subvention supplémentaire suffisante pour lui créer un budget indépendant. Dès lors, l'école de danse fournirait à tous les théâtres subventionnés un personnel soigneusement éduqué et tenu de continuer un travail régulier sous le contrôle effectif de l'Académie Nationale. On créerait une classe de perfectionnement pour les *étoiles*, dirigée par de grands artistes ayant pris leur *retraite* ou des maîtres étrangers, car il est humainement impossible qu'elles viennent demander des conseils à une collègue, surtout quand cette collègue est une très grande danseuse. C'est pourquoi, d'ailleurs, elles vont chercher autre part ce qu'elles devraient avoir chez elles. On créerait une classe de pantomime au lieu d'avoir recours à des succédanés. On créerait encore une classe d'ensemble, car danseuses et danseurs ne se rencontrent aujourd'hui qu'aux répétitions et en scène; pour rendre aux adages leur grand style de jadis, danseuse et cavalier doivent longuement travailler ensemble sous l'œil du professeur.

Mais, pour revenir aux réalités palpables, souhaitons à Mlle Zambelli et à M. Aveline de travailler avec le même succès à la formation d'une jeune élite, et à M. Ricaux de poursuivre avec la même intelligence courageuse son dessein de récréer la danse masculine à l'Opéra.

Sur ce, le critique de *Comœdia* offre une cordiale poignée de main au directeur de la maison de danse et à son vaillant état-major; il prie également toutes ces dames et tous ces messieurs d'agréer l'expression de son admiration et de sa sympathie pour la troupe qu'il croit destinée à rétablir, dans toute sa gloire, le Ballet français.

6 JANVIER

QUELQUES DANSES
SUR DES AIRS POPULAIRES ESPAGNOLS

Mlle Lolita Osorio est revenue à la Comédie
des Champs-Elysées pour y danser sur des airs
espagnols populaires. Je sors de son spectacle
et déjà les particularités de ses diverses danses
se confondent un peu dans ma mémoire. Mais
le charme intense et délicat de toute sa juvénile
personne subsiste et domine ce qu'il pourrait
y avoir d'incertitude dans son exécution. Mlle Osorio a le corps des derniers torses de jeunes filles
que Rodin exposa. Ses bras maigriots, mais
ronds, aux coudes de fillette encore un peu poin-
tus, ondulent, jouent, s'alanguissent, agissent ;
c'est là son vrai instrument, car les jambes ne
font que suivre ; le rythme de ses talons est
tâtonnant et pauvre ; il n'a rien de la musicalité ni de la virtuosité d'une Argentina. Par contre certains déhanchements, certains portements
du corps ont déjà l'allure magnifique des grandes
Espagnoles. Une danse orientale nous fit admirer, malgré la discrétion des voiles, un nu d'une

élégance parfaite ; ventre de la forme la plus pure, dos admirable qui se creuse aux reins et juste assez de gorge « pour remplir les deux mains d'un honnête homme » comme il se disait au xviii⁰ siècle. Une candeur et une décence parfaite dans tout cela. Ce qui déconcerte un peu, ce sont les œillades de commande et les sourires forcés qui se plaquent sur son joli minois d'adolescente brune ; ce fard de cabotinage dépare son naturel charmant.

Les « vendredis de danse » ont pris ce pli dangereux de nous offrir, pour nous désennuyer pendant que la danseuse change de costume, le tour du chant. Nous aurions préféré rester à attendre tranquillement devant le rideau baissé que de subir ces auditions blafardes où l'on gâche de la belle musique.

8 JANVIER

Esquisse pour un portrait de Mlle Camille Bos. — Les ballets Leonidoff. — « L'Automne » et les « Chansons arabes ».

Pour étudier à fond l'exécution si subtile et la technique méticuleuse de Mlle Camille Bos, les occasions sont réellement trop rares. *Coppélia* en mai, deux ou trois fois *Roméo*, et *Thaïs* plus récemment, voilà tout ce qu'a distribué à l'étoile une direction bien parcimonieuse. Aussi avons-nous dû, pour donner une base d'observation serrée à notre jugement, la voir travailler à la leçon — quitte à projeter mentalement notre vision dans l'espace grandiose de la scène. Si cette transposition facilement fallacieuse demande une expérience assez longue des choses de la danse, j'avoue que le plaisir d'étudier cette sublime gymnastique dans un cadre dépouillé et même un peu maussade, en dehors des enchantements illusoires et tant soit peu barbares de la mise en scène, est l'un des plus vifs qu'on puisse imaginer. Sur le plateau de l'Opéra, l'abstraite et hautaine beauté de la danse classique se mêle trop souvent, quoique sans se confondre avec elles, aux lourdes et grotesques évolutions du chant, aux ineffables poncifs du spectacle lyrique. Le « texte chorégraphique » des ballets mêmes y est de nos jours réduit à son expression la plus simple ; les difficultés qui sont aussi des beautés sont soigneusement élaguées ; de cette façon, la plupart des rôles peuvent de confiance être mis entre toutes les mains. Aussi les heures passées à la rotonde de l'Opéra éclairée par des œils de bœuf aux vitres cassées ou dans le petit studio de Mme d'Alessandri comptent-elles parmi les plus heureuses d'une existence de critique.

Mlle Camille Bos porte très noblement sa petite tête aux yeux sans sourire, au front intelligent découvert par la coiffure lisse ; son cou assez long se rattache avec aisance à des épaules un peu tombantes pareilles à celles qui faisaient l'un des charmes singuliers des soirées de Compiègne sous l'Impératrice Eugénie et que Carpeaux affectionnait. Beaucoup de jeunesse — mais rien d'expansif, d'exubérant. Plutôt une tension de tout l'être, une préoccupation dans le regard : celle de l'élève modèle qui ambitionne la maîtrise ; au lieu de sourire aux applaudissements toujours très vifs, elle reste absente, fascinée par le désir de perfection. Elle ne vit pas encore en scène, désinvolte, oublieuse de l'effort ; encore elle *exécute*.

Or, pour beaucoup de choses, son exécution est celle d'une *prima ballerina assoluta*. J'ai vu d'elle un enchaînement, d'ailleurs simple, auquel je rêve encore. L'entrechat-cinq de volée y alterne avec l'entrechat-six ; un plié très rapide relie les deux temps battus. Après le premier mouvement où les jambes croisent devant et dont la trajectoire brisée, au nombre de segments impairs, rappelle le zig-zag saccadé de la foudre, l'envolée verticale de l'entrechat-six et sa descente planée nous charment plus que jamais.

Chez Mlle Bos, le brio du premier temps vaut l'ampleur, la netteté parfaite du second. Et les enchaînements de pirouettes : celles à la grande seconde alternant avec celles sur la pointe et le cou de pied ! Dire qu'il y a un siècle à peine Carlo Blasis — qui pendant cinquante ans devait dominer l'enseignement de la danse — considérait le changement de position en tournant comme une difficulté suprême ! Ayant pirouetté quatre fois à la seconde, il passait en attitude sur la demi-pointe, celle du *Mercure* de Jean de Bologne, et cette trouvaille le rendait ivre d'orgueil.

Décidément la danse classique n'est pas stationnaire ; elle est susceptible d'évolution. Il faudra absolument parler un jour de cette modification et de cette amplification de la technique qui ne cessent de se produire. Car aujourd'hui notre sujet immédiat a vraiment de quoi nous passionner par lui-même. Mais pour ne pas effaroucher le lecteur par des termes techniques ponctués d'exclamations, nous résumons en affirmant que tout ce qui est chez Mlle Bos batterie, temps sur les pointes, temps giratoires, apparaît admirable de vigueur discrète et d'élégance. Et ce n'est pas peu dire !

Reste l'élévation et l'adage. Ici j'avoue avoir vu des temps sautés en tournant enlevés avec beacoup plus d'ampleur que ne le fait Mlle Bos. Et elle ne possède pas *l'arabesque*. Son torse très droit, voire un peu rigide, répugne à continuer, en se portant en avant, la ligne grandiose, vibrante comme une corde de harpe, qui va de la pointe tendue en arrière jusqu'au bout des doigts de la main tendue en avant; comme chez Mlle Zambelli, *l'attitude* est chez elle infiniment plus complète, plus aiguë que *l'arabesque*. Et c'est le fait de la plupart des danseuses françaises, ou plutôt latines. L'*attitude* où la verticale de l'aplomb, passant par la jambe d'appui, est barrée par l'horizontale du bas de la jambe croisée, doit sa beauté tectonique au jeu des angles et des lignes brisées. Quant à *l'arabesque*, elle se ramasse en une ligne unique, flèche qui vire sur un pivot très court. Pour goûter pleinement *l'attitude*, il faut qu'elle se présente de *face*; pour qu'une *arabesque* porte vraiment, il faut la voir de *profil*.

Cette constatation, que nous croyons inédite, peut être amplifiée. Tout ce qui est « terre à terre » et batterie, temps sur les pointes et entrechats, doit être observé de face. Les grands temps d'élévation, surtout les jetés, nous laissent mesurer leur ampleur uniquement vus de profil et de biais.

S'il en est ainsi, nous tendrons à croire que les étoiles du firmament latin doivent être le plus souvent envisagées de face, tandis que les danseuses slaves gagnent infiniment, vues de profil. C'est là une question de conformation ou, si l'on veut, de déformation anatomique.

Mlle Bos, puisque nous parlons d'elle, est parfaitement proportionnée. Mais pour qu'elle atteigne dans l'arabesque et l'élévation aux mêmes résultats prodigieux que nous avons constatés pour le reste, les rapports entre la longueur du torse et celle des jambes auraient du être modifiés. Or ce torse *écourté* et ses jambes *allongées* qu'il faut avoir pour être libellule, cygne ou sauterelle, nous les avons observés chez de nombreuses Russes — et chez une seule Italienne, la légendaire Taglioni. En France, il faudrait citer, en s'en rapportant aux gravures du temps, la malheureuse et séraphique Emma Livry.

Non, la danseuse française n'est pas faite pour escalader des cieux imaginaires ; il lui est donné surtout de fouler allègrement les fleurs du paradis terrestre.

Encore une fois, après ce long détour, revenons à Mlle Bos. C'est donc là une très belle artiste qui sera une *grande artiste* le jour où elle saura astreindre les divers éléments de son exécution à une *unité plastique* plus complète et où ce qu'il y a encore dans sa personnalité d'hésitant, de fermé s'épanouira en plein soleil.

** **

De nombreux communiqués ont affirmé avec insistance que les critiques parisiens — sauf celui de *Comœdia* — ont été unanimes à louer les « ballets Leonidoff ». En proclamant ainsi que je suis seul à avoir raison, l'habile auteur dudit communiqué aura sans doute voulu me flatter. Malgré un tel excès d'honneur, nous ne nous sommes pas confinés dans cet isolement splendide ; nous sommes, au contraire, revenu aux « Champs-Elysées » pour voir le deuxième programme, étant respectueux de tout effort assidu. Or, si de nouveau on est unanime à louer, nous risquons encore une fois de rester isolés. Deux choses auraient pu nous gagner à cette tentative de nos hôtes italo-russes. Ou bien une exécution magistrale qui nous eût prouvé que les grandes traditions de la Scala et de San Carlo ne se sont pas évanouies — et je ne cite pas là scène romaine dont se réclame Mᵐᵉ Leonidoff, car je crois savoir que cette scène n'a jamais eu de tradition chorégraphique. A ce prix nous aurions toléré même un programme sans vie ni fraîcheur. Ou bien encore il nous fallait un effort audacieux, la recherche de for-

més d'expression inédites ; nous en aurions
apprécié les intentions fécondes malgré toutes
les défaillances probables d'une technique en
gestation. Or, les ballets Leonidoff restent en
dehors de cette alternative. Ils ont le tort de
s'attaquer avec des moyens de fortune à des
tâches que nous avons vu exécuter par des géants.
Après la *Bacchanale* que lança il y a déjà quinze
ans Fokine, on ne saurait s'accommoder de
l'*Automne* qu'on vient de nous donner et nous
nous rebiffons contre le pastiche de *Cléopâtre*
dans les *Chansons arabes* ; car, depuis des
années, cette même *Cléopâtre* nous poursuit,
arrangée et déformée, de music-hall en music-
hall.

De tous les ballets cités et de plusieurs autres,
Mme Leonidoff est la protagoniste. C'est une
personne assez belle mais ne disposant que d'une
technique de dilettante et qui se trompe évidemment sur ses ressources. Est-ce à dire que nous
voulons avec préméditation exclure du théâtre
de danse tous les artistes de talent qui n'ont pas
dès leur enfance profité des bienfaits d'une culture classique et complète? Nous n'y songeons
pas. Mais Mme Leonidoff ne nous paraît pas *une
nature*. En faisant de la danse d'expression, elle
mime l'émotion à froid. On résisterait difficile-
ment au déchaînement d'un tempérament impulsif qui, brisant la loi théâtrale, irait par-dessus
la rampe secouer les spectateurs dans leurs
fauteuils. Mais l'agitation factice de la danseuse

ne porte pas. Elle fait de la souplesse — et elle
en manque ostensiblement. Elle imite une danse
orientale — mais son torse apparaît lourd, ses
bras durs. Seraient-ce là des défaillances for-
tuites? Nullement. Car nous avons pu, pendant
les entr'actes, admirer de fort belles photographies qui enregistrent des attitudes défectueu-
ses et illogiques à souhait. Les décors de M. Aldo
Molinari sont des toiles de fond traitées par à
plats. Ces panneaux continués par des draperies faisant coulisses simplifient, sans doute, le
montage d'une pièce, mais ne répondent à
aucune formule plausible de mise en scène.
Quelquefois les motifs sont heureux ; quelquefois aussi, comme dans le porche de *Salomé*,
ils frisent le ridicule — et de près. Le choix des
matières musicales est fort honorable — si toutefois il est honorable d'utiliser l'ascendant de
grands musiciens défunts pour corser l'intérêt
de cette chorégraphie « second hand », comme
dit l'Anglais.

Ainsi les ballets Leonidoff ne sont aucunement un spectacle parisien. C'est une tournée
provinciale assez médiocre, mais Brichanteau
a été de tous temps fasciné par Paris, la ville
tentaculaire, dispensatrice de gloire. Pourquoi
faut-il qu'il soit si facile de se produire à Paris
quand on vient de n'importe où? Cependant un
artiste, un chercheur, voire un maître parisien,
n'a presque aucune chance de secouer l'indifférence de ses concitoyens.

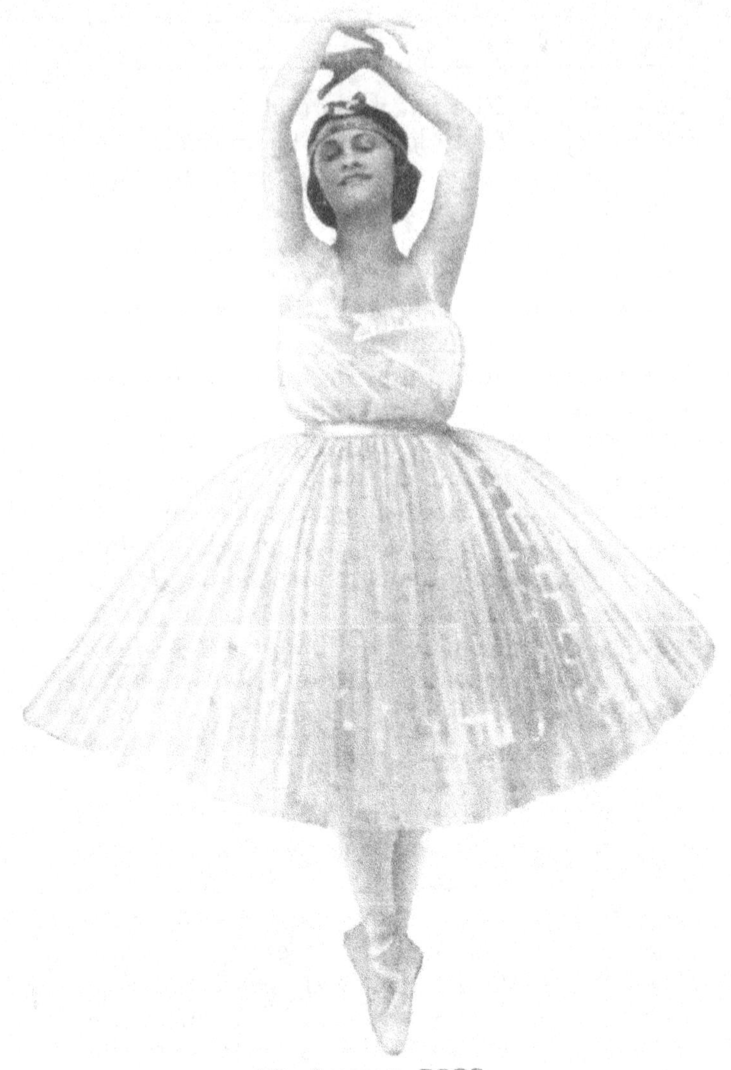

Mlle CAMILLE BOSS

13 JANVIER

« CYDALISE ET LE CHÈVRE-PIED »

Il est bien rare que l'auteur d'un ballet fasse
œuvre de poète. Si, par hasard, un livret n'est
pas l'adaptation arbitraire et mesquine du bien
d'autrui, c'est donc l'élucubration incohérente
d'un maître de ballet à cours de sujets emprun-
tés. Seul un Théophile Gautier a su, dans
Gisèle et *La Péri*, élever la fiction chorégraphique à la dignité d'un genre littéraire. Or,
le « programme » de *Cydalise et le Chèvre-
pied*, dont l'écriture élégante se laisse — chose
peu commune — aisément déchiffrer par le
spectateur, est un poème badin et lyrique
d'une capiteuse, d'une fruiteuse saveur. Dans
ce gobelin à sujet galant et champêtre, l'humour
vient à tout instant mêler ses fils d'or à la
trame colorée de l'action. Elle est, cette
action, vivace et contrastée, établie sur un
« dualisme » aussi simple que fécond en jeux
scéniques. C'est la folle équipée du jeune faune
Styrax qui s'éprend de la danseuse Cydalise
mais que les voix de la forêt rappellent à son.

existence de génie élémentaire. Ainsi, le Jardin et la Prairie, Le Nôtre et la nature, le rythme de la civilisation la plus factice qui fût et la pulsation véhémente d'une vie primitive sont juxtaposés dans le conte dansé de M. Robert de Flers et du regretté G.-A. de Caillavet, conte où la mythologie galante et pomponnée d'Isaac de Benserade s'allie audacieusement à l'énorme verve bouffonne du *Malade imaginaire.*

Serait-ce donc là un tableau des mœurs du Grand Siècle, l'évocation d'un milieu précis ? Ou bien la reconstitution laborieuse d'un spectacle sous Louis XIV ? Que non ! On ne nous a offert ni le commentaire savant d'un archiviste-paléographe sur les mémoires du duc de Saint-Simon ni un manuel pour reconnaître le style Mansart.

*
* *

Les auteurs de ce ballet éperdument fantaisiste, rêveurs rétrospectifs, amoureux fervents mais frivoles d'un passé violent, jonglent avec l'anachronisme et se délectent au paradoxe historique. Ce qui, pour eux, importe, c'est la grâce des choses fanées, leur malicieux et mélancolique sourire ; ce n'est pas le vase, mais le parfum ; ce n'est pas la vérité austère, mais la splendeur imaginaire ; ce n'est pas la statue étiquetée du musée, mais le torse charmant qui s'effrite sous le lierre. Si l'aventure apocryphe de Styrax ne pouvait figurer décemment dans un volume de M. de Nolhac sur le château de Versailles, M. Bréot, homme curieux et oisif, l'aurait consignée dans ses *Rencontres*, avec l'assentiment de M. Henri de Régnier, son précepteur en « libertinage ».

On ne saurait, sans la fausser, appuyer lourdement sur cette chose légère, facile, fragile, qu'est le ballet de *Cydalise*. J'ai cependant une observation à formuler sur l'agencement de l'action — ou plutôt une variante à suggérer. Si l'élément spontané, naturel, candide, incarné dans le personnage de Styrax, s'épanouit avec plénitude, l'allure guindée et cérémonieuse des courtisans ne donne lieu à aucune tentative d'interprétation chorégraphique. Cependant, on aurait pu opposer à « l'impromptu dansé » de Styrax, décousu, nonchalant, impulsif, la préciosité et la régularité d'un menuet de cour. Il fallait, peut-être, susciter à Styrax quelque rival, ce qui aurait amené un duel de danse entre chèvre-pied et talon-rouge. N'y a-t-il pas là le fond d'un pas de trois fait pour corser l'action ?

*
* *

Mais nous voilà en pleine chorégraphie. La plupart des danses réglées par M. Staats avec cette inspiration souvent heureuse mais intermittente et fragmentaire qui lui est propre

appartiennent au genre du « pas d'action » —
qui est une pantomime mesurée à base d'exécution classique. Les épisodes proprement
chorégraphiques sont rares et brefs. Au début,
les évolutions rythmées des dryades et de la
Source éveillent quelques appréhensions, mais
leur ennui stylisé se dissipe à la marche des
Aegypans. L'entrée de cette phalange de
danseurs, au pas cocassement scandé, aux bras
repliés et aux pouces détachés de la paume
posée de profil à l'instar de Nijinsky dans
L'Après-Midi, produit la plus vive sensation.
Car cette parade délicieusement burlesque
prouve qu'il nous est né un corps de ballet
masculin jeune, discipliné, vaillant. La leçon de
flûte interrompue par les frasques de Styrax
est encore très heureusement conduite ; c'est
désinvolte, pétulant, nouveau, en musique.
J'aime un peu moins la leçon de danse — dont
l'agencement est trop savant, trop symétrique —
et cela malgré l'élégance fluette de Mlle Yvonne
Franck, gouvernante des Nymphes. Une variation très bien dansée par Mlle de Craponne et
qui comporte de forts jolis temps piqués et
relevés sur la pointe, nous prive cependant de
ce qu'il y a chez cette danseuse de plus personnel : son superbe bondissement. Puis, toute
cette joyeuse cohue évacue la scène conduite
par le vieux Faune qu'incarne ce bon
M. Férouelle, dont l'inaltérable verdeur et la
fougue comique s'affirmeront à nouveau dans

le rôle du sultan des Indes. Styrax-Aveline
reste seul, et alors un monologue dansé et
mimé se déroule dont le langage chorégraphique s'apparente à la déclamation lyrique
d'un Debussy et a été inauguré par Fokine
dans *Daphnis*. Effronté, espiègle, naïf, insi-
nuant et farouche, le chèvre-pied est joué par
M. Aveline en parfait comédien. Mais ce maître
danseur est obligé à lutter contre des difficultés
irréductibles : torse trapu, parcours limité ; son
pied, qui arbore le chausson fourchu, ne peut
point fournir l'élan vertigineux du capricant
Styrax. Cela fait que l'action paraît, par
moments, languir. Le deuxième tableau — un
spectacle dans le parc de Versailles — apparaît
comme un amalgame savoureux de divers
souvenirs « moliéresques ». *L'Impromptu de
Versailles* et *Le Malade imaginaire* sont mis
à contribution. Charmante, la répétition de
danse où quelques jeunes gens s'entraînent en
cabriolant et en pirouettant. Rien de plus spi-
rituel que ces entrechats-six exécutés en souliers
Richelieu à talons et à boucles, accompagnés
par l'envolée des perruques, des manchettes de
dentelles, des pans d'habits de cérémonie : voilà
encore un anachronisme voulu et heureux.
Suit la représentation de la *Sultane des
Indes*. Le pas des apothicaires armés de
l'instrument de Molière a soulevé des observations. Je m'en console en songeant que Jean-
Baptiste Lulli l'aurait dansé avec délices :

seulement, il y aurait montré un sens du rythme bien supérieur à celui des interprètes de notre temps. MM. Marionneau, Péricat, Baron campent quelques figures de comédiens et de spectateurs bien dessinées. Mais l'entrée de Mlle Zambelli efface tout par ce rayonnement qui est l'apanage de la royauté chorégraphique et qui fait qu'on reconnaîtrait l'Etoile parmi mille danseuses de valeur. Ces pointes aiguës et fermes qui sortent du long pantalon transparent et bouffant de la Sultane, emprunté à *Shéhérazade*, font merveille. Un divertissement très bref nous permet à peine de reconnaître sous de superbes accoutrements de férie foraine Mlles Lorcia et Roselly, si diversement et si victorieusement souriantes ; d'applaudir, comme tout le monde l'a fait, la petite « turquerie » de Mlle S. Dauwe, et de découvrir parmi l'essaim bariolé des suivantes de Cydalise, la pure et juvénile figure de Mlle Bourgat. Le dernier tableau nous apporte — avec l'intermède charmant du négrillon — un soliloque de Mlle Zambelli, la lecture des billets doux — où l'on voit que la ballerine a de l'esprit jusque dans les orteils ; songez à ces éclats de rire, répercutés par l'orchestre, mimés par les bras, marqués par les pointes agiles ! Suit un dialogue délicatement sensuel, où la rouée se pâme aux bras de l'ingénu, dialogue dont la contexture évoque *Le Spectre de la Rose* — et c'est fini.

Le succès s'annonce très vif ; et il n'a rien

de forcé, de guindé, de démonstratif. Ce qu'on a vu n'est pas, sans doute, un chef-d'œuvre monumental et pathétique comme le sont une composition de Poussin, un groupe de Rude ou bien une tragédie cornélienne. Mais le ballet de Caillavet et de Flérs est une charmante chose française à la manière d'un biscuit de Sèvres, d'un tapis de la Savonnerie ou des *Trois Sultanes* jouées par Mme Favart.

15 JANVIER

TROIS VEDETTES

En rédigeant le communiqué chorégraphique de la semaine, il sied de citer à l'ordre du jour M. Paul Franck, directeur de l'Olympia, pour avoir bien mérité de la danse ; chargé d'un commandement difficile, il n'a cessé de faire preuve de courage et d'un esprit d'initiative peu commun. Il a gagné du terrain en faisant figurer au programme de son spectacle trois vedettes de danse. Ceci pour l'intention ; quant à la réalisation du « gala », elle n'a pas été sans déboires.

Mlle Isabelita Ruiz est une magnifique créature, à la beauté prenante et provocante, mais nous n'aimons pas son style. Car, à la base de son exécution, nous trouvons l'appétit effréné du succès ; elle pactise avec les instincts du public et leur sacrifie la grande tradition ancestrale.

Récemment, à Séville, Manuel de Falla a organisé un concours de chants andalous ; les « cantaors » amateurs se sont associés pour maintenir intactes les méthodes vocales de leurs pères et pour réagir contre l'attitude des professionnels qui déforment sans scrupule ce qu'il y a de plus précieux dans cet art de terroir. Mais il n'y a personne pour défendre la danse espagnole, antique comme les exploits du Cid, fécondée à deux reprises par l'apport de l'Orient. Eh bien, pour la sincérité et la pureté du style, j'ai plus de confiance en n'importe quelle petite gitanille de l'Albaïcin, laideron basanée et pouilleuse, qu'en cette étourdissante Mlle Isabelita. Que nous sommes loin avec elle de cette sombre ardeur, de cette absorption dans la danse que nous retrouvions encore chez ces somptueuses et décoratives danseuses de la génération de Maria Guerrero ! Du noble langage espagnol, la Ruiz tire une sorte de « petit-nègre » chorégraphique ; elle pratique ce déhanchement provocant des « colored ladies » américaines. Avec elle, l'allure indiciblement hautaine et passionnée — qui a fait Gautier admirer Dolorès Serral et Manet peindre Lola de Valence — se diminue, s'encanaille — je risque le mot.

Mlle Saint-Mahésa est une grande illustration d'outre-Rhin. Il n'y a pas de livre allemand sur la danse — sauf celui du charmant Oscar Bie — qui ne lui consacre mainte page enthousiaste et qui ne donne la reproduction de ses costumes et de ses attitudes. Ceci nous paraît plausible en Allemagne, qui est essentiellement *le pays*

sans ballet comme l'Angleterre, et est, selon
l'un des plus brillants chroniqueurs viennois, le
« pays sans musique ». Car l'effort de Mlle Saint-
Mahésa porte plutôt sur des recherches de mise
en scène, sur la stylisation des attitudes, sur le
pastiche d'œuvres plastiques que sur la danse
proprement dite. Sa physionomie est originale,
mais son exécution très pauvre et sans beauté,
ses costumes prétentieux et sans charme. Les
évocations exotiques sont aussi arbitraires
qu'incomplètes, et nous avons vu avec étonne-
ment des mouvements caractéristiques de
l'Extrême-Orient figurer dans des danses
indiennes de l'Amérique. On s'étonne encore de
voir toutes ces élucubrations pesantes, cette
documentation laborieuse, tout ce sérieux et
toute cette conviction aboutir à une telle vacuité
du fond et à un tel néant de la forme. Pourquoi
faut-il qu'on attribue une valeur d'*art* aux
danses où l'élément dynamique et rythmique
est ostensiblement sacrifié à des préoccupations
« extrachorégraphiques » tandis qu'on hésite à
faire confiance à la danse pure, dépouillée de
tout apport étranger à sa nature ?

Cependant, un troisième « numéro » est venu
mettre fin à nos doléances : celui des « step-
peurs » nègres Douglas et Jones. L'un des deux
n'est évidemment qu'un médiocre, au sens
musical douteux. Mais l'autre, celui qui arbore
le large pantalon de l' « excentrique » et une
énorme chevelure à la Pichel, est un danseur

prodigieux, à l'humour puissant et concentré, à la technique magistrale. A le voir marquer la mesure d'un pied, en faisant glisser l'autre, inerte, paralysé, on est pris d'une gaîté irrésistible ; puis, par des écarts inattendus et des chutes feintes et évitées au dernier moment, il brise le rythme uniforme du « step » qu'il renouera l'instant après avec une parfaite désinvolture. M. Jones (si ce n'est M. Douglas) cache sous son masque couleur de cirage avec les lèvres peintes en blanc, l'un des meilleurs danseurs fantaisistes que je connaisse.

16 JANVIER

UNE SOIRÉE A L'HOTEL CHARPENTIER

Pour reconstituer l'atmosphère unique de la
soirée, toute cette ambiance d'une distinction
suprême mais qui s'affirme sans effort, mondaine, soit, mais comme le furent les assemblées
du Trianon, nous formulerons quelques remar-
ques sur la partie dansée du spectacle. Mlle Zambelli et M. Albert Aveline ont incarné, dans
l'à-propos de M. Guillot de Saix, les grâces lé-
gendaires de la Guimard et de Vestris; or, ces
grands souvenirs, qui auraient écrasé n'importe
quels autres artistes, nos deux danseurs ont su
les exalter et les rajeunir. Lulli, Rameau, Gluck,
trois époques de la musique de danse française
ont fourni la matière de trois « entrées ». Exécutées en souliers à talons, composées de ces
temps sur la demi-pointe qui font le charme de
la danse de cour, ces entrées plurent infiniment.
Mes préférences vont au rigodon de *Dardanus*,
transposition raffinée d'un thème populaire,
avec ses demi-tours sautés et ces « jeux de

mains » qui sont des « jeux de vilains » traduits
dans le langage subtil du XVIIIe siècle.

Mme J. Chasles a tenté, dans ses *Caroles de
Noël*, de reconstituer les « danceries » du
XVe siècle. Les pas exécutés : marche rythmée,
accentuée par le fléchissement des genoux ou
par des mouvements plongeant du corps, sont
d'un archaïsme aisé et persuasif; la tenue des
élèves de Mme Chasles reste naturelle et très
gracieuse sans l'ombre d'un cabotinage précoce. Mais le vrai triomphe de Mme Chasles
et de son intelligent partenaire M. Pierre Mar-
guerite, ce furent les « danses en crinoline »
accompagnées par le piston de M. Tauthoux
qui évoquait à lui seul tout l'orchestre de Ma-
bille. On a pu voir ce que produit le sens du
style appliqué par une artiste complète aux
choses les plus futiles. Sa polka mazourka est
représentative d'un passé. Ce n'est plus de
l'érudition chorégraphique, c'est un avatar prodigieux et réjouissant.

Mme Trouhanowa fit valoir dans sa danse russe
accompagnée par les refrains populaires de Mme
Litvine, sa grande allure et sa monumentale
beauté slave; Mlle Svirskaya, costumée en bayadère de Besnard, tournoya dans son ample
jupe rouge, plissée et qui s'ouvre en parasol,
se drapa dans son châle constellé et fit résonner
les clochettes attachées à ses chevilles nues;
le caractère occidental de la musique dont elle
s'inspira nous déconcerta quelque peu. Enfin,

une minuscule danseuse qui porte un nom familier aux fervents de la danse, Mlle Solange Schwarz, « de l'Opéra », interpréta avec la plus grande correction *Le Cygne* de Saint-Saëns. A considérer ses pointes bien placées, ses bras expressifs et toute sa petite personne sérieuse et élégante, on se croyait en présence d'une étoile authentique, vue par le gros bout de la jumelle. Et ce ne fut pas le moindre enchantement de cette soirée trop vite écoulée.

20 JANVIER

DANSES DE JADIS
ET DANSES D'AUJOURD'HUI

En organisant pour ses fidèles lectrices une matinée consacrée aux « danses de jadis et aux danses d'aujourd'hui », le magazine *Femina* a été très heureusement inspiré. Une rapide et élégante causerie de M. André de Fouquières servit à grouper les épisodes du spectacle selon un plan d'ensemble tout à fait judicieux. Evitant ostensiblement tout pédantisme, le conférencier sut, avec un esprit d'à propos jamais en défaut, nous présenter les faits essentiels de l'histoire de la danse; quelques brefs aperçus sur les danses de salon modernes vinrent compléter son exposé. Ce que M. de Fouquières a dit de très juste sur les rapports entre la mode des robes drapées et l'allure des danses entravées et hésitantes ou bien encore sur les variantes de « l'enlacement » mériterait, il nous semble, un développement plus ample.

Ce n'est pas, cependant, entre les danses de jadis et celles d'aujourd'hui qu'était partagé le

programme, mais plutôt entre la danse de théâtre et celle de salon. Mlle Bos et M. Raymond
étaient venus plaider la cause des danses Directoire, et l'étoile a même eu le courage d'exécuter une variation classique sur le tapis qui
recouvrait le plateau ; ils firent honneur à la
grande tradition française qu'ils représentent.
La Argentina exécuta son répertoire ordinaire:
fandango, tango, allegria. Nous avions déjà
parlé d'elle ici même en des termes en somme
mesurés, voire hésitants : on est si étonné de
voir bien danser qu'on commence par se méfier
un peu de sa première impression. Eh bien,
c'est une fameuse artiste, cette « estrella de
Sevilla », et sa renommée immense en Espagne
est absolument justifiée. Ce mouvement du
fandango où elle développe lentement les bras
et se cambre, tandis que les castagnettes exécutent un crescendo subtilement nuancé, comme
il est admirablement filé ! Et comme un sens
exquis du style national se superpose heureusement à l'habileté technique !

Les lecteurs de *Comœdia* savent la haute estime en laquelle nous tenons les danseurs excen-
triques MM. Douglas et John ; ils réussirent
parfaitement, auprès du public mondain de la
matinée, leur humour étant authentique et leur
métier parfait. Enfin, M. Van Duren et les
trois demoiselles Guy vinrent nous dire sur
ce qu'ils pensent de la danse antique, la *vérité
toute nue*. Or, c'est nous, les modernes, qui

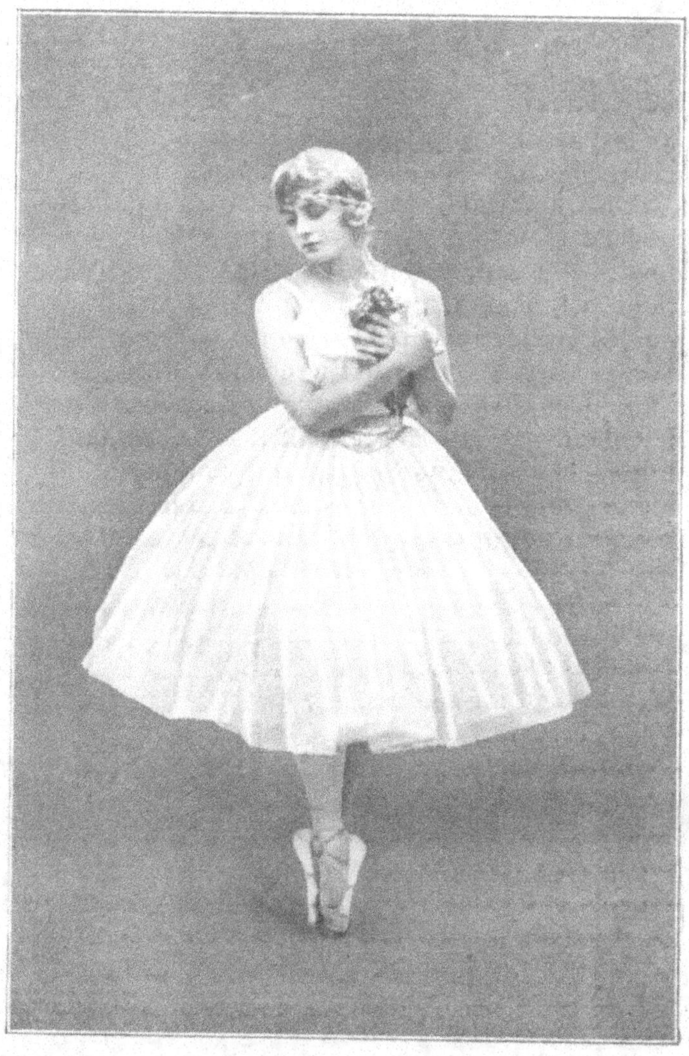

Mlle ROSELLY

avons imaginé de déshabiller les anciens, et toute tenue négligée aurait impitoyablement été refusée par le régisseur de l'amphithéâtre de Dyonisos ou des Folies-Eleusines.

Très importante la présentation de danses modernes ou tout récemment créées. Mais comment un humble habitué de l'Opéra, qui n'est même pas bachelier du tremplin, oserait-il juger les productions de l'Académie Baraduc? Or, j'avoue ne pas savoir distinguer le mouvement d'un blues de celui d'un vulgaire fox-trott, ce qui m'amène à supposer qu'il y a, en somme, une danse moderne *unique* qui comporte un grand nombre de variantes *musicales* plutôt que chorégraphiques.

22 JANVIER

PROSE MOROSE

On doit être préoccupé à l'Académie de
danse... La jeune *Cydalise* languit, s'étiole
comme cette autre Cydalise, la grisette dia-
phane qu'aima Théophile Gautier aux jours
bénis de l'impasse du Doyenné et qui, à vingt
ans, mourut dans ses bras. Le souffle de la
pièce faiblit dès le second tableau et, vers la
finale, halète. Au premier examen on n'y com-
prend rien. Le succès de la générale a été éclatant ; maints snobs jusqu'alors irréductibles
admirent ce soir-là l'existence du ballet de
l'Opéra. L'humour délectable des harmonies
imitatives, la vivace et subtile contexture rythmique semblaient assurer à la partition de
M. Pierné une carrière longue et heureuse ;
quant à l'ingénieux et poétique livret il pouvait
fort bien durer jusqu'à la centième. S'il en est
ainsi, à quoi s'en prendre ?

A la conception *chorégraphique*. Non à la
qualité de l'ouvrage. mais au parti pris du réa-
lisateur. Celui-ci n'a pas abordé le problème de

danse franchement, sans détours. Nous avions
constaté dès le premier jour que *Cydalise* était
en somme une *pantomime* mesurée, une comédie en musique où tout mouvement de danse ne
se produit qu'en fonction de la donnée dramatique. Les thèmes de danse, les développements
dynamiques sont rares et sommaires. Le « pas
des lettres » que danse Mlle Zambelli ne sur-
vient qu'à la fin du spectacle, quand l'attention
du spectateur est lassée par mainte longueur.
Or la *diction* de l'artiste est si admirablement
articulée qu'on croit l'entendre *parler*. Mais, au
fait, pourquoi ne parlerait-elle pas ? Pourquoi
réduire cet épisode tout à fait concret à une
expression uniquement mimique ? Cependant
il ne faudrait jamais *danser* ce que l'on pourrait
dire.

Ne demandons à la pantomime que de fournir pour le spectacle de danse une armature
solide mais très légère, et ce spectacle sera viable. Stendhal, adepte fervent de la pantomime
mesurée de Vigano, raillait volontiers l'absence
d'exégèse psychologique dans le ballet français.
« Un berger, disait-il à peu près, offre un ruban
à une bergère et l'on danse à propos de ce ruban. »
Formule admirable ! Car il ne faut même pas
de ruban pour danser, pour libérer, pour exalter l'esprit chorégraphique, le génie du mouvement organisé, l'imagination plastique,
l'ivresse motrice. La danse, jeu divin, divertissement désintéressé où l'être se dilate,

s'ouvre, se tourne « en dehors », voilà la matière, la raison d'être du ballet.

Or le metteur en scène de *Cydalise* s'est méfié des ressources de la danse. Il a en somme remplacé le grand *style* classique par des effets de *stylisation*, étouffé le mouvement sous le costume, l'essentiel sous l'accessoire. Mais un spectacle ne peut pas durer uniquement par son agencement décoratif. La façade s'effrite, puis s'écroule — et l'on découvre le trompe l'œil : il n'y a rien derrière. Combien l'on préfère à ces splendeurs factices ces églises romanes comme l'on en voit en Italie et dont la brique rouge à découvert attend vainement depuis six siècles son revêtement de marbre multicolore. Rien dans un édifice comme le San-Zeno de Vérone ne trouble la disposition harmonieuse des surfaces. La nudité même devient vertu suprême quand elle fait resplendir l'esprit.

J'ai revu hier cette transposition classique de la tarentelle qu'est le ballet de *Roméo*. Tout, au point de vue réaliste, prête au ridicule dans cet épisode de « ballet blanc » introduit en plein Shakespeare. Le ponçif du décor et des costumes est évident. Et cependant quand Ricaux survole comme un grand oiseau planant très bas sur la surface du plateau (car c'est l'envergure qu'il recherche et non la hauteur du saut), quand l'étoile, enveloppée dans une trombe de jetés en tournant et de déboulés, décrit autour de la scène le cercle magique du « manège », le public est ébloui, entraîné, puis conquis.

L'esprit élémentaire de la danse, sa vertu spécifique le captivent. Et cependant on a vu et revu *Roméo* des centaines de fois. Mes conclusions? Cette vérité de La Palisse : pour qu'un ballet vive il faut avant tout que l'on y danse. Et je persiste à croire qu'il y a amplement matière à un *ballet dansé* dans cette *Cydalise* qui bénéficia d'un si beau départ.

29 JANVIER

GRAINE D'ÉTOILES

Plante et fleur. — Grands sujets. — Inconvénients d'un beau titre.

Nous avons à maintes reprises exposé ici même comme quoi l'enseignement dit *classique* de la danse constituait une discipline effectivement féconde, complète, créatrice. Par la vertu de cette discipline, par l'exercice gradué de cette savante gymnastique basée sur l'intelligence pénétrante du muscle, *tout* élève, s'il n'est pas cependant affligé d'infirmités ou de difformités irrémédiables, accède, en un délai pouvant aller de six à huit ans, à la dignité d'un danseur apte à briguer une place dans l'ensemble d'une troupe chorégraphique. Tels se présentent les résultats de cette culture traditionnelle et toujours perfectionnée de la plante humaine.

Nons disons « plante ». Les métaphores d'ordre botanique ne correspondent-elles pas

plus directement avec les réalités de la danse
que les symboles astronomiques usités? Rien
ne ressemble plus à un beau développé à la
seconde ou en arabesque que l'éclosion d'une
feuille reproduite par le film accéléré — si
l'on ne tient pas compte des saccades causées
par les tours de la manivelle espacés par des
heures d'arrêt. Une vie quasi impersonnelle,
végétative, anime ces plantes humaines qui, disposées en parterres rectilignes, massifs ou cor-
beilles, forment le jardin animé du corps de
ballet. Etre un élément ductile et actif de ce
tout, telle est la destinée obscure mais combien
honorable de maintes danseuses quasi anonymes
comme le furent les tailleurs de pierre qui édi-
fièrent les cathédrales. Elles ne sont que cire
dans les mains du maître de ballet, leur second
créateur. En renonçant à toute individuelle velléité, elles se fondent dans l'ensemble qui respire de leur souffle commun. Mais aussi quel
enchantement que de voir la plante s'épanouir
en fleur, la personnalité se superposer à la fonction incarnée, la danseuse se démasquer *sujet*.
Elle a enjambé la première marche de l'échelle
de Jacob qui mène au firmament chorégraphique. Petit sujet aujourd'hui, elle peut être grand
sujet demain — ou plutôt après le concours de
juillet — si elle en a l'étoffe. Et ce degré une
fois franchi, la voilà vice-ballerine, « papabile »
dès le prochain conclave! Dans les pas de huit,
de quatre, de trois, sa personnalité naissante se

juxtapose à celles de ses égales hiérarchiques ;
dans la variation, elle s'affirme librement.

Mais au fait, librement n'est qu'une façon de
parler. Dans les ballets, tels qu'on les donne
aujourd'hui, les variations confiées aux grands
sujets sont chose rare. Toute la matière est
répartie entre l'étoile et les ensembles. La variation de « Cléopâtre » dans *Faust* est à peu près
l'unique épreuve vraiment significative à laquelle
sont soumis les sujets. Et cette danse ne peut
aucunement répondre aux aptitudes diverses de
toutes les concurrentes en présence.

Cette variation de Cléopâtre — dont certes on
abuse et qui ne saurait convenir à tous les
tempéraments — n'en reste pas moins une
chose magnifique et saisissante. Dès les premières mesures de cette page articulée musi-
calement avec une extrême netteté et accentuée
avec une énergie très pathétique, nous voguons
en pleine danse. Après un rapide pas de bour-
rée, la danseuse dégage à la grande seconde et,
pendant que ses bras impriment au corps un
mouvement rotatoire, la jambe d'appui, par un
effort du coup de pied, se détache de terre et,
pointe basse, s'enlève. Ainsi, dans ce pas sauté
en tournant, la jambe agissante enveloppe d'un
vaste cercle l'ascension verticale du corps qui
vire en montant. En exécutant à trois reprises
le mouvement grandiose et léger que nous
venons de décrire, la danseuse a remonté à
reculons le plateau incliné — et elle le redes-

cend en diagonale, par un enchaînement de pirouettes et de temps battus, somptueux et complexes, selon le rythme lourdement scandé de l'accompagnement.

Nous avons vu récemment Mlle de Craponne danser, au pied levé, le rôle d'Hélène ; eh bien, nous préférons, pour le moment, sa Cléopâtre. A maintes reprises nous avons parlé ici-même des mérites de ce sujet qui sont évidents. Nous louerons encore la fougue et l'ampleur de ses temps sautés et cette qualité si rare : le ballon.

Une physionomie sympathique et agréablement animée qui ne se fige ni dans le sourire de la révérence ni dans la charmante panique des déboulés, l'utilisation très sensée des ports de bras — qui savent dans la variation citée accompagner la jambe et amplifier le cercle par elle tracé en spirale — voici les autres raisons des beaux succès de Mlle de Craponne. Pourtant, c'est Mlle Rousseau, qui dans *Cléopâtre*, atteint une perfection quasi absolue, si toutefois perfection peut être le synonyme de correction. Ne vous trompez pas à son profil accentué et à sa brune chevelure : cette fausse Espagnole n'est que mesure et clarté française. Dans ce même tour à la grande seconde ses jambes sont bien près de figurer un compas ouvert sous un angle droit. C'est rassurant, exact et complet comme une formule de mathématique. La jambe droite est tendue comme une flèche, le genou bien en dehors se présente de profil; c'est une leçon de choses. C'est aussi très beau de pureté graphique. Et il faut voir Mlle Rousseau battre l'entrechat-six, ce mouvement complexe et symétrique qui est bien de son fait : on pourrait mesurer l'amplitude de chaque temps, les segments des deux lignes brisées que décrivent, en croisant et se décroisant, les jambes — et les rapports se montreraient exacts comme dans un tracé d'architecte. Désinvolte, discrète, vigoureuse sous des dehors frêles, grand sujet, s'il y en a.

Avant-hier encore nous avons revu, toujours dans la même variation, Mlle Lorcia. Brune aux yeux noirs que les sourcils surmontent en arcs altiers, aux bras élégants, longs, un peu secs, au port de corps royal, voire un peu rigide, aux jambes fines quoique musclées, cette jeune fille apparaît être de la même matière dont sont faites ces Italiennes : une Ferraris jadis, une Zambelli de nos jours. Zambellienne cette acuité nerveuse de l'allure, zambellienne aussi l'école. A-t-elle bien fait dans *Faust* l'autre soir? Ma foi, je ne sais trop. M. Gaubert, énervé ou pressé, déconcertait quelque peu les artistes. Mais nous avons goûté cette énergie quasi farouche avec laquelle elle déclanche un tour, la grande et vibrante manière de l'ensemble. Lorcia est une nature. Saura-t-elle s'acharner au travail au point de mériter la tunique immaculée qui fut naguère l'uniforme de l'*étoile*, qu'elle soit Péri

ou Salamandre ? Car on ne badine pas avec la
danse.

Parler de Mlle Lorcia sans citer Mlle Roselly,
quel paradoxe ! C'est par le contraste qu'elles
tiennent l'une à l'autre, car elles n'ont en commun que la jeunesse et le talent. Cependant je
n'insisterai pas sur Roselly-Cléopâtre. Je signa-
lerai, en soupirant — toujours dans le même
mouvement décisif — une jambe imparfaite-
ment tendue, au genou un peu en dedans. Mais
toute cette variation de bravoure, saccadée pathétique, ne sied point à Mlle Roselly. Elle est
plutôt, (comme cette Mlle Debry au profil accusé,
aux pieds menus, aux bras fragiles) Phryné.
Cette variation de Phryné discrètement glissée,
ponctuée de temps piqués, s'enveloppe de ports
de bras mélodieux, s'alanguit en portements de
corps passionnés. Je ne sais si le nom de Mlle Roselly est un nom de guerre ; mais s'il en est ainsi,
on ne saurait trouver mieux pour la peindre ; blanche, blonde et rose. Ses proportions sont charmantes, les bras arrondis, fuselés, mais elle manque encore de caractère ; c'est ce qu'on appelle,
en cinématographie, un beau fondu. Reproche-
rons-nous à la danseuse la plus belle chose au
monde : la jeunesse ? Que non ! Mais nous exi-
gerons d'elle le travail qui sculpte les formes et
précise les lignes ; et alors nous la verrons s'épanouir. Car si je reviens à mes métaphores de
botaniste, je n'ai qu'à inscrire sur sa fiche : Ro-
selly-Rose France...

29 JANVIER

LE « VENDREDI » DE Mlle NÉRYS

Images dansées ou bien encore *costumes dansés :* voilà la formule de la matinée donnée par Mlle Germaine Nérys et M. José de Zamora, danseur-costumier, à la Comédie des Champs-Elysées. Ce spectacle m'a fait songer à ces mémorables présentations de modèles sur la piste de l'*Oasis*, l'an passé, où d'adorables jeunes filles faisaient le tour du plateau en adaptant l'allure et la forme du mouvement à la coupe de leurs vêtements de ville ou de soirée. Or les costumes très somptueux arborés par Mlle Nérys entravaient plutôt les mouvements indiqués à l'artiste par le maître Clustine qu'ils ne les secondaient où les « habillaient ». Cette lutte contre le costume récalcitrant absorbait fâcheusement la danseuse. Nous pouvons comprendre un homme de théâtre quand, comme Michel Larionoff, il s'évertue à circonscrire et à limiter volontairement le mouvement par l'usage du costume « rigide » ; encore ne le suivons-nous pas dans cette voie. Ici le résultat était fortuit ; non un parti pris mais une défaillance. Ainsi nous avons aimé le costume de l'infante Vélasquez vu à travers Poiret; mais dès que le tableau vivant se décomposait, ce n'était plus que de la danse d'amateurs pastichant indifféremment l'Espagne et l'Inde, la bayadère et la gitane.

La même observation vaut pour l' « Icone » ; le peintre Jacovleff a réussi, en utilisant des tissus brochés et lamés, à relier le corps de la danseuse au cadre de l'image sainte. Aussi, malgré certains excès somptuaires qui d'ailleurs déparaient tout le spectacle, l'impression première fut littéralement saisissante. Pourquoi fallait-il qu'un comédien vînt geindre devant la Madone des vers de Maurice Rostand en ajoutant à chaque mot des syllabes supplémentaires? Pour le faire taire — si nous avons bien compris — la figure bizantine esquisse un mouvement qui déplace les lignes, et c'en est fait de la belle ordonnance des plis drapés avec tant d'intelligence.

Néanmoins, ce fut là le point culminant de ce divertissement fastueux mais, n'est-ce pas : un peu vide.

5 FÉVRIER

LES PÉRILS DU MUSIC-HALL

J'ai l'habitude d'assister aux spectacles de
music-hall dans un recueillement béat, avec
une curiosité candide que rien ne saurait lasser.
Cependant, plus le tour de la danse approche,
plus une appréhension trop justifiée me crispe.
Le danseur pourra-il affronter la rivalité formidable des attractions? On vient d'applaudir une
jeune femme en maillot pailleté qui, suspendue
au trapèze par un crochet qu'elle serre avec ses
dents, « fait la toupie » en virant sur elle-même
avec une rapidité toujours croissante. Le danseur osera-t-il, à la suite, tourner à terre ses
huit ou douze pirouettes ? Trois chiens de Pepino sont lancés à fond de train sur la barrière
de la piste ; un quatrième, galopant dans la direction contraire, saute en un bond allongé le
triple obstacle mouvant. L'intention burlesque
mise à part, cette prouesse de quadrupèdes est
saisissante quant à son dynamisme impétueux,
voire grandiose. Que le danseur s'enlève dès
lors à un mètre pour l'entrechat, et cet entrechat

soit un entrechat-dix, ce haut fait saurait-il
s'imposer au public ? Sans doute, si c'est là un
artiste complet qui condense dans son numéro
les ressources spécifiques de sa maîtrise, qui
met les éléments de son métier au service d'une
conception logique et forte. Mais tout le monde
n'est pas Quinault, Argentina ou Nina Payne,
Car ce sont justement les incomplets, mal outil-
lés pour les grandes scènes lyriques, qui viennent le plus souvent chercher des compensations
au music-hall. Et pour ceux-ci il n'y a qu'un
moyen de salut : un naturel spontané et sympathique, une personnalité scénique originale et
vivante. Récemment j'ai vu danser à l'*Olympia*
Mlle Maria Ley. Danser ? A peine, son métier
manquant de précision et de vigueur. Et cependant il me reste un souvenir très net de sa vapo-
reuse blondeur. Mlle Ley se défend mal. Comment l'attaquer ? Elle avoue n'être que faiblesse.
Et elle dompte la critique. Elle tourne, bercée
par la valse du Danube ; ses beaux bras accompagnent le tournoiement du corps et quand tout
à coup elle laisse aller le poignet en ouvrant la
main, elle n'est plus que la petite vague fraîche
qui vient se briser au rivage de la rampe. Puis elle
mime un menuet de Schubert ; une interprétation
pathétique et passionnée aurait été ridicule. Les
petites moues de soubrette, les déformations
voulues et qui font saillir la grâce ingénue de
Ley tirent l'artiste de ce mauvais pas. Sa
« gueuse » en cheveux qui transpose un « suc-

cès populaire » de Fortugé n'est qu'une archi-
duchesse qui a mal tourné. Et cela peut fort
bien aller comme ça.

Mlle Paulette Duval s'essaie sur le plateau de
l'*Alhambra* à un genre bien plus dangereux :
l'imitation ethnographique très poussée. Un
pastiche de l'Espagne, une Espagne postiche.
Et pourtant l'effort est très appréciable. La dra-
perie-décor, certains costumes pleins de goût,
ces guitaristes alignés, leurs cris un peu trop
enthousiastes, les « r » gutturaux, les « h »
âprement aspirés créent une ambiance. L'exécution de Mlle Duval est savante, habile, bien observée. La traîne de la robe jaune se déroule en
volutes magnifiques; les bras ondulent provo-
cants, les talons scandent le rythme avec justesse. Et cependant tout cela apparaît stérile ;
inutile beauté ! Le génie de la race est absent de
cette copie consciencieuse; et en regardant faire
Mlle Duval, je ne peux m'empêcher de songer à
d'autres sourires et d'autres cambrures, à des
bras qui s'ouvrent lentement, en un mouvement
décomposé en dix temps, et qui vous fascine,
à des pieds qui font vibrer le plateau comme le
bois d'une guitare et qui, se posant sur une
cape, en font un « reliquaire »…. Danseuses,
méfiez-vous de vous mêler aux « cosas de Es-
paña » !

C'est encore à l'*Olympia* que j'ai vu Mme Yu-
riéva. C'est une jeune femme grande et belle
qui exécuta le fameux adage du *Cygne* et plu-

Phot. HOPPÉ, Londres

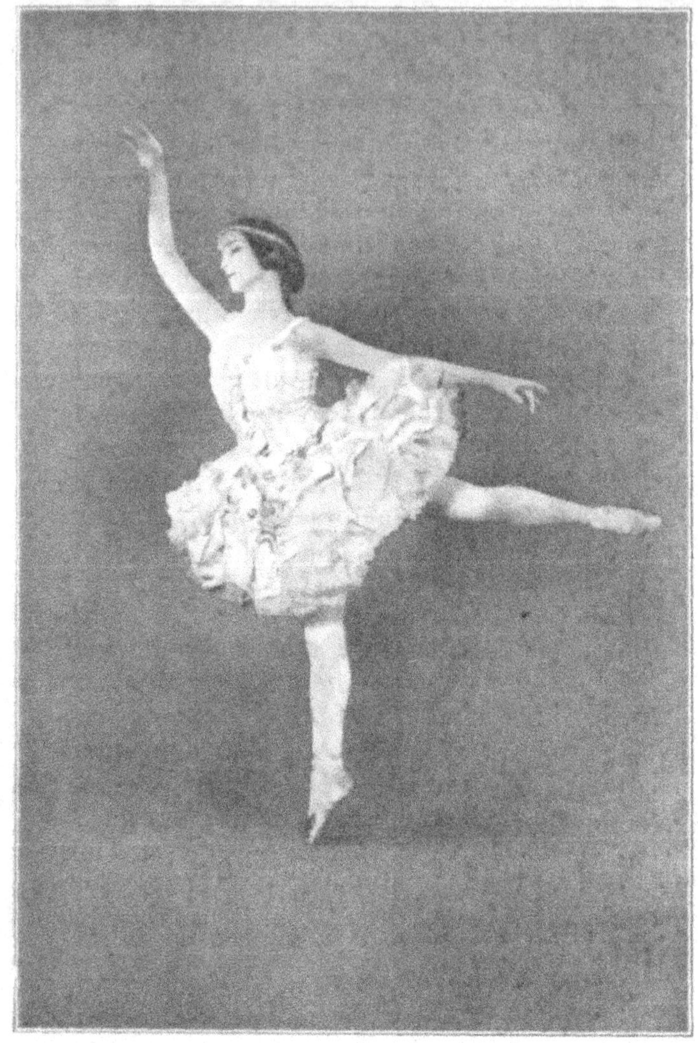

Mme VÉRA TRÉFILOVA

sieurs danses de caractères composées avec
l'utilisation de pas classiques. L'impression a
été indécise ; cela s'annonçait bien, puis cela
se gâtait. Et vous m'en voyez navré. Voici
pourquoi. J'ai vu Mme Yurieva il y a quelques
années ; elle n'avait pas de technique. Elle en
a une aujourd'hui et je me rends compte du
travail courageux qu'il a fallu pour s'astreindre,
après tant de succès éclatants et faciles, à une
discipline implacable et ardue.

Or, cette technique acquise tardivement est
vigoureuse dans certains détails mais incomplète, incohérente et souvent défectueuse. Figurez-vous une grammaire qui fourmillerait de
solécismes. Mme Yurieva exécute une longue
série de pirouettes à la grande seconde, bel
enchaînement plutôt masculin, d'une grande
allure. Mais dès le troisième tour, la jambe
mal placée en dehors, dégagée trop bas, descend ; la cuisse tombe, entraîne le genou, puis
la pointe — et voilà toute notre joie gâtée.
C'était d'ailleurs un début ; nous irons redemander à Mme Yurieva, quand tout se tassera, ses
pirouettes. Je me tais sur son danseur ; n'ayant
pas daigné répéter, il n'a pas droit à une critique.

POUR UN RÉPERTOIRE

Désirant nous associer à la commémoration du grand compositeur de danse que fut Edouard Lalo et devant la carence de l'Académie Nationale, nous nous sommes rendu l'autre soir à l'Opéra-Comique ou M. Ruhlmann conduisait la suite de *Namouna*. Nous avons goûté l'âpre saveur de cette partition si virile, si éclatante de sonorités colorés et surtout si saturée de rythmes saltatoires. Nous n'avons pas été seuls, mon cher Linor, à voir distinctement d'imaginaires figures de danse surgir de l'orchestre ; il y avait dans la salle une main nerveuse qui se crispait de convoitise, d'impatience ou de colère, deux yeux sombres qui ardaient : ceux de Carlotta Zambelli.

Voilà plus de dix ans que l'Opéra a laissé tomber *Namouna*, reprise jadis par la direction Messager. On aurait dû profiter du centenaire pour renflouer ce chef-d'œuvre. Certaines dates mémorables, certains retours périodiques exercent sur le public un prestige magique. On peut risquer à la faveur d'un extrait de naissance, daté de 1823, une reprise que l'infortuné, né vers 1833, devra attendre dix ans. C'est ainsi qu'avant peu on verra tout le monde scander la *Prière sur l'Acropole* et citer le *Roseau pensant* et l'on ne songera plus ni à Pasteur ni au « bon Théo » ; ils ont eu leur tour !

L'Opéra, nous dira-t-on, n'a que faire d'un ballet en trois actes ! *Sylvia*, cette merveille de goût et d'imagination, n'est plus jamais affichée à cause des vacances d'un soprano léger qui chantait *L'Enlèvement,* de Mozart. Et il en sera ainsi jusqu'au jour où l'on se décidera à redonner des spectacles intégralement consacrés à la danse et qui ont fait fureur l'année passée. Si, pour voir danser, il faut absolument avoir entendu chanter pendant deux heures et demie, pourquoi n'a-t-on pas songé à détacher tout au moins l'épisode fameux de la foire en le complétant par la sérénade et d'autres fragments ? Mutilation ? Impiété ? Hypocrisie que tout cela ! Il vaut mieux, somme toute, rudoyer un peu une gloire que de l'enterrer vivante. Et l'on a fort bien amputé *Coppélia* d'un acte très beau ! Bien présentée, avec un effort de mise en scène adéquat à la valeur de l'œuvre, *La Foire de Corfou* aurait pu devenir le *Petrouchka* français !

Ainsi, on a commis une erreur grave. Car il ne peut être question dans ce cas de *manquement volontaire.* Le stoïcisme souriant avec lequel M. Jacques Rouché assume la tâche redou-

table de diriger, à l'époque des « deux décimes »,
le plus dispendieux au monde des *théâtres de
cour*, le met au-dessus des reproches. Son attitude envers les jeunes mérite notre admiration
affectueuse. Il refuse de sacrifier les droits d'un
Ravel, d'un Paul Dukas, d'un Albert Roussel
aux plus grandes gloires défuntes. Il lésine sur
Delibes et tourne le dos à Aldophe Adam ou à
Auber. Mais, chaque sou épargné, il le glisse
dans la tirelire de Florent Schmitt ou de Debussy. J'aurais pu cependant citer deux ou trois
œuvres récentes, mais bien anodines, bien fa-
des, bien inutiles, qui encombrent le répertoire
sans pouvoir se maintenir au programme.

Ceci dit, constatons qu'un répertoire de ballet n'existe pas à l'Opéra. Gabriel Boissy a exposé ici même le plan de transformation et de
rajeunissement inauguré à la Comédie-Fran-
çaise. Un fonds national composé de biens
impérissables devait être de même constitué
à l'Opéra. Le ballet a ses classiques comme la
comédie, comme la poésie. La *Péri* de Gautier
et Coraly a droit de survivre à l'instar des
Orientales et du *Massacre* de Delacroix. Il y a
dans la *Source* des pages de Delibes qui valent
une ode furambulesque de Théodore de Banville. Un Jules Perrot, créateur d'*Esméralda*
ou un Saint-Léon qui fit *Néméa* sont des maîtres francais comme Berlioz ou Carpeaux. On
pourrait d'ailleurs, pour les choses du Second
Empire dont la vogue est si grande, consulter

les survivants, recueillir des souvenirs. Fokine
est venu, en 1921, danser à l'Opéra sa *Mar-
quise* sur la musique des *Petits riens* de
Mozart. Il paraît qu'il fit merveille. Mais sait-
on que cette musique a été faite à l'intention
de Noverre, le « Shakespeare de la danse », le
plus grand des maîtres français et qu'il n'est
pas impossible de reconstituer l'action de la
pièce originale ? Et n'est-ce pas encore une
étoile étrangère, la Balachova, qui tenta de res-
susciter, avec des moyens de fortune, cette *Fille
mal gardée*, créée par Dauberval, et qui s'apparente à ces modèles du rococo : *La chercheuse
d'esprit* ou une sanguine de maître Frago ? Décidément il faudrait, après un classement cons-
ciencieux, un effort de longue haleine, réparti
sur autant d'années qu'il serait nécessaire, exécuté avec méthode, pour la création d'un répertoire de danse. Et nous pourrons alors entendre et même voir *Namouna* sans bouger de
l'Opéra.

12 FÉVRIER

PYLADE CHEZ ROSCIUS

J'aperçois que certains de mes confrères, critiques dramatiques, n'ont que faire du Théâtre Kamerny, de Moscou. Ceux mêmes qui jadis ont failli être étranglés par Sarcey usent contre les intrus des arguments insidieux et de la feinte logique du tueur de cygnes. Ainsi le talent de Taïroff et de sa jeune compagnie, n'a sur la place de Paris ni cours ni change. Et l'on met en garde le public contre cette monnaie de singe.

Eh ! bien, si ceux de la comédie laissent tomber ces nouveaux venus déconcertants, ceux de la danse n'ont qu'à les ramasser. Et pour cela, nous n'aurons pas besoin de nous baisser Nous revendiquons l'honneur de parler de cette troupe et de lui offrir salut et fratenité.

Certes leur culture n'est pas celle des danseurs, dans leur technique l'assouplissement acrobatique et la gymnastique dominent ; et dans des œuvres comme *Phèdre*, cette technique sert de support au débit des acteurs. Cependant avec eux, « charbonnier est maître chez lui », car il est maître de lui-même. Grâce à leur virtuosité corporelle, ces artistes font de la composition scénique un ensemble complet, cohérent, savamment équilibré. A chaque moment de la tragédie ou de la parade excentrique, ils réalisent, distribués sur les praticables ou emportés par une ronde rythmée une vision parfaitement construite, harmonieuse ou grandiose. Les mouvements de danse de Tsérételli-Marasquin ont une justesse, une désinvolture et surtout une ampleur, un parcours qui nous reposent de la paralysie partielle des comédiens ordinaires ! Et ce même Tsérételli, dans le rôle d'Hippolyte, monté sur ces patins qui l'exhaussent et le héroïsent, commande à son mouvement une allure monumentale, le torse se portant avec puissance sur le genou plié.

Vous avez vu, dans les spectacles lyriques, s'affronter sans se confondre, deux races, deux humanités, deux entités antinomiques : les chanteurs, autant de poissons se débattant sur le sable et les danseurs nageant dans leur élément, ivres d'espace et d'harmonieuse exaltation. Vous avez vu, dans les théâtres où l'on *parle* le mouvement gauche ou guindé, toujours amoindri et incertain des hommes en veston et des hommes en chiton, toute cette misère plastique, tout ce néant dynamique. Or nous avons enfin un théâtre dramatique où le danseur, être placé « en dehors », peut mettre les pieds. Etoiles de la danse, saluez Mme Alice Coonen, la reine aux

cothurnes d'or qui font rentrer la cheville de
la jambe libre en une si adorable courbe. Vous
montez sur les pointes, elle chausse le patin tragique. Ainsi vous êtes de la même taille ; vous
êtes aussi de la même famille spirituelle. Car
vous vous évadez par des chemins différents
mais qui convergent, des réalités mesquines ; et
vous affirmez votre humanité plus pure en dépassant les limites de la vie usuelle.

Certes, la danse classique reste l'expression
la plus haute du génie chorégraphique d'Occident. Son dynamisme abstrait et sa plastique
absolue se suffisent à eux-mêmes. Mais notre
tradition comporte une lacune, nous manquons,
pour le spectacle de danse d'un langage mimique,
car la pantomime conventionnelle du ballet n'est
qu'une grammaire pour sourds-muets. Et c'est
ici que l'enseignement du Kamerny nous est
précieux. Car ces moscovites de la dernière
heure sont des mimes admirables qui impriment
à l'émotion une forme définitive.

Ce théâtre unique, nous avons tout lieu d'en
prendre soin ; il est notre débiteur. Ce qu'il
nous rend magnifiquement, c'est notre dû. Car
Taïroff n'a eu pour se guider dans sa recherche
du comédien intégral, qui sache couler son émotion dans une forme impeccable et solide,
qu'un seul exemple salutaire : celui du ballet.
Et c'est dans le principe même de notre art prétendu périmé que cette homme d'aujourd'hui
à pu trouver la confirmation de ses plus témé-

raires espoirs. La pourpre royale de la Phèdre russe s'incline devant le tutu de blanche tarlatane !

Je vois d'ici venir les rieurs. Ce sont donc des danseurs que vos fameux Russes. N'est-ce pas, d'ailleurs, d'un Russe déçu par *Phèdre* que me vient cette formule irrésistiblement drôlatique : le Kamerny, ce ballet de Lénine? Eh ! bien soit, ils dansent *Phèdre* si vous y tenez et si vous voulez attribuer à ce mot son ampleur antique. Ils la dansent comme le jeune Sophocle dansa les *Perses*, d'Eschyle ; comme l'officiant danse devant l'autel le Mystère du Saint-Sacrement. Et l'audacieuse création de *Phèdre* à Paris est bien l'offrande du jongleur russe à Notre-Dame de France.

Quant à moi, en exaltant l'effort de ce théâtre héroïque et fantasque, je crois rester fidèle aux idées du grand critique français qui a dit : « Je suis quelqu'un pour qui le monde visible existe ».

Et qui sait si cet autre maître vénéré, dont on va fêter après-demain le centenaire, n'aurait pas consacré à ces « clowns » dédaignés une de ses *Odes funambulesques*?

13 FÉVRIER

DANSES DE Mlle ELLEN SINDING
ET M. IRIL GADESCOW

De plus en plus les spectacles de danse se
multiplient; les *Vendredis de danse* chez M. Hébertot sont devenus une institution régulière
et voilà que Femina lui emboîte le pas; le coquet plateau drapé de blanc se prête à merveille
aux manifestations individuelles de la danse ;
trop peu vaste pour servir aux évolutions d'un
ensemble, il est de proportions heureuses qui
permettent au danseur isolé de distribuer le
mouvement, de « répartir le terrain » comme
aurait dit un maître à danser italien du xve siècle.

Mlle Ellen Sinding qui porte un nom déjà
illustre en Scandinavie par l'œuvre d'un sculpteur et celle d'un musicien, est danseuse à ce
théâtre de Christiania où les pièces de Holberg
continuent la tradition moliéresque et où la
grande tragédienne Johanna Dybwad interpréta
à merveille les drames d'Henrik Ibsen. Ce
théâtre n'a pas de troupe de chant et de danse

régulière, mai j'y ai entendu avant la guerre interpréter très heureusement une œuvre de Puccini ; je pense aussi à la *Pavane* de Grieg, fort bien dansée dans le « Darnley » de Bjornson. Ce sont là des souvenirs qui datent un peu mais qui me restent présents et agréables.

Mlle Sinding a toute la franche ingénuité des vierges nordiques, leur élégance sans mièvrerie, cette culture sportive du corps qui est une base souvent précieuse de la culture plastique. On ne saurait être mieux faite. Elle possède pour mettre en valeur ces dons de la nature une éducation chorégraphique quelque peu rudimentaire ; si elle fait des pointes gentiment, ses jambes ne sont pas bien en dehors et elle dégage à peine. Somme toute, elle s'est trop empressée, croyons-nous, à quitter la classe pour appliquer les notions acquises à des créations sans originalité et d'où l'invention est absente. Dans la danse, les voyages *ne forment pas* la jeunesse ; il faut persévérer dans un travail ardu. Le programme nous annonce que cette charmante et juvénile Mlle Sinding est déjà « célèbre ». Eh bien, quand on est célèbre à 18 ans, il vaut mieux se méfier et travailler pour pouvoir durer. J'aime moins le danseur, M. Gadescow, qui est, comme tout le monde, premier danseur au Metropolitan de New-York ; lui aussi montre certaines acquisitions techniques ; mais il n'a ni ampleur ni parcours ; il aurait été bien fait si un cou trop court ne donnait à son corps atlhétique quelque chose de tassé. Il avait oublié de mettre son maillot. Le métier est une grande chose, mais rien de plus décevant qu'un métier incomplet. Même remarque pour Mlle Sinding, mais elle s'en tire grâce au charme inattendu d'une éblouissante jeunesse.

19 FÉVRIER

UNE GRANDE DANSEUSE RUSSE

Mme VÉRA TRÉFILOVA. — ÉMOTION ET ABSTRACTION. — MÉLODIE CONTINUE. — EXOTISME TRANSPOSÉ. — DEUX MOSCOVITES : NOVIKOFF, CLUSTINE.

J'ai revu, au gala albanais, danser Véra Tréfilova. L'émotion que j'en ai éprouvée est si profonde et si pure que j'hésite presque à la dépenser en paroles par crainte de la fausser. Car toute habileté de langage et toute trouvaille verbale apparaîtraient vaines devant cet art d'une sérénité si noble et que rien d'oratoire ni de mesquin ne ravale. Les danses de Tréfilova portent l'empreinte de ce que les mondains appellent la distinction et qui est, pour l'esthéticien, la perfection : conformité absolue et naturelle de la forme plastique à la vie intérieure de l'artiste.

Dès que l'étoile paraît, ce rayonnement, mitigé et discret comme un regard caché par de longs cils, pénètre le spectateur. Tout, en cette femme menue et qu'on croirait frêle, de la petite tête si royalement posée sur un cou svelte jusqu'aux pointes brèves et carrées, est sculpté par un merveilleux artiste : la danse classique. Artiste qui ne se contente pas de couler la matière humaine dans un moule unique, mais qui cisèle son œuvre, en élague tout le superflu, lime toutes les aspérités de sorte que tout, dans la statue vivante, n'exprime que cette unique fonction : l'esprit de la danse.

Cela fait qu'une simple préparation de Mme Tréfilova, quelque cinquième position de départ, en son équilibre immobile, nous ravit par la composition parfaite et désinvolte, par l'harmonie simple et logique des courbes et des droites. Mais malgré ce qu'il y a en cette danseuse de dépouillé, de spiritualisé, d'immatériel, jamais l'abstraction ne la fige ; un frémissement imperceptible, un souffle de lyrisme ingénu, une nuance ténue comme la buée d'une haleine sur le poli d'un miroir lui restituent une humanité d'autant plus émouvante qu'elle est refoulée par la forme.

« Rappelez-vous ces extraordinaires dessins de Léonard de Vinci » observe cet autre que j'invite l'aimable lecteur d'identifier, « dans lesquels la courbe vivante, chef-d'œuvre d'un art souverain, effleure et tente parfois la courbe régulière, mais tout *autrement* régulière, qui est propre aux dessins de géométrie.

Les formes circonscrites sont déjà idées, et
leur concret touche à l'abstrait, en sorte que
nous nous demandons, avec un peu d'angoisse, si la vierge ou la nymphe ne vont pas
éclater en un schématisme éternel ».

Cette définition déduite par le grand prosa-
teur français est aussi celle de la danse classique incarnée en Mme Tréfilova. Car cet art
tend vers la formule géométrique, mais, au
moment suprême, la brise et s'en évade.

Mme Tréfilova a dansé, au cours de la matinée,
un adage et une variation classiques, une valse
à laquelle se vient mêler l'éternel thème mimique du dépit amoureux, quatre autres pas dits
de caractère. Une transcription plausible de ces
danses, le dénombrement raisonné des pas
dépasseraient les limites de cette brève étude.
D'ailleurs l'unique vision que j'ai eue de ces
poèmes dansés ne suffirait pas pour me guider.
Que citerais-je dès lors ? Ces quatre tours sur
le cou de pied dans l'adage ? Ou bien cette
succession admirable d'arabesques planées et
renversées dans la *Valse Caprice ?* Ou encore
ce long moment quand la danseuse, abandonnée
par son danseur et placée en attitude, repose,
sans appui, sur la pointe rigide, — prouesse
particulièrement affectionnée par la Pavlova ?
Sa manière de s'enlever, quasi impondérable,
aux bras de son danseur ? Ou enfin ses développés amples, tendus, vibrants ? Mais, encore
une fois, cette nomenclature amoindrit la

sensation spontanée. Car il y a beaucoup de danseuses, même médiocres, qui s'ingénient à emporter de haute lutte telle difficulté ou de réussir par hasard un temps très brillant. Or, ce qui leur manquera toujours, c'est la cohésion parfaite des enchaînements, le développement logique du mouvement qui n'admet pas de lacunes et qui fait d'un pas de Tréfilova ce que Wagner appela, en musique, la *mélodie conti-nue.*

Aucune saccade ne bouscule cette cantilène des lignes, aucune hésitation ne la désagrège ; et c'est ce « legato » merveilleux qui fait de la danse de Tréfilova un *langage de formes arti-culé.* Car nous sommes loin avec elle de ces exclamations entrecoupées ou de ce hoquet intermittent qui, emprunté au vocabulaire de la danse, parvient à donner le change à une partie du public.

Ayant exécuté ce pas de deux, du troisième acte de *Coppélia*, éliminé à l'Opéra, Mme Tréfi-lova nous donna une « danse japonaise » que je voyais venir avec une appréhension dont je suis, après coup, confus. Comment *osai-je* soupçonner l'étoile du ballet impérial de ce naturalisme exotique qui incite mainte danseuse européenne à emprunter aux Orientales quel-ques apparences, souvent illusoires, de leur art ?

La « japonerie » de Mme Tréfilova est une danse classique, entièrement exécutée sur les pointes et où l'apport oriental est totalement

Phot. G.-L. MANUEL Frères

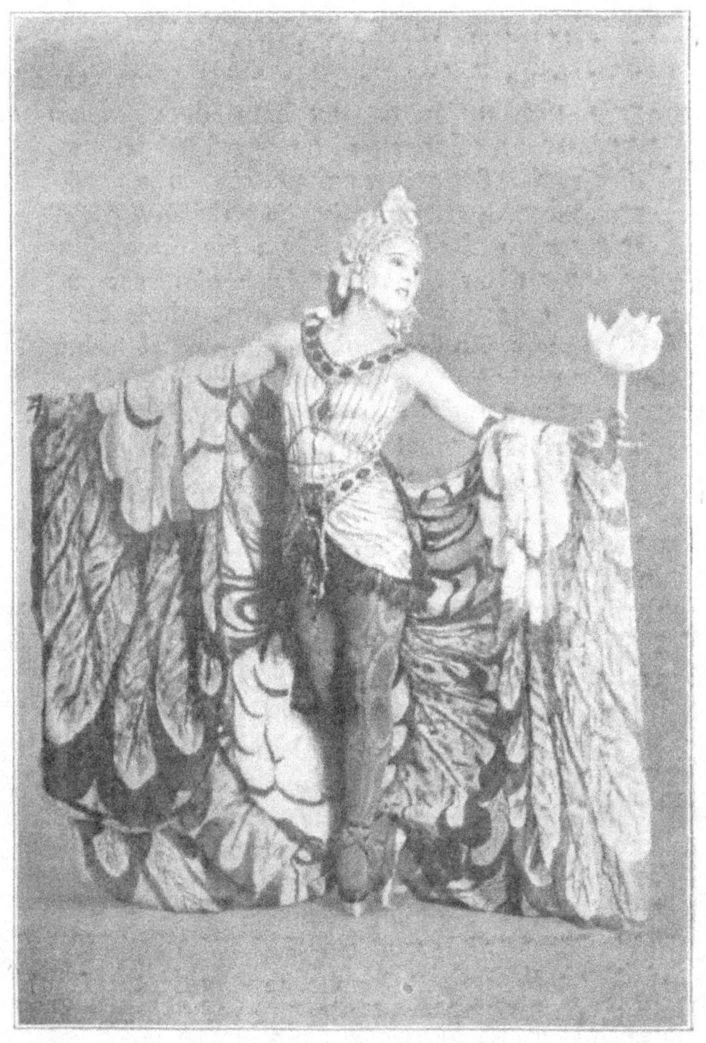

Mlle Juliette BOURGAT

intégré, réduit à quelques symboles succints.
La tradition du ballet d'opéra le veut ainsi.
Que faut-il à la ballerine pour changer de race
et d'époque ? Un geste, un chiffon, une déco-
ration de cotillon. Que faut-il pour que Zambelli soit une « zingara », la rèine des « zin-
garas » ? Un méchant fichu, une main crispée
sur la hanche. Pour que Anna Johnsson
devienne une pimpante montagnarde d'Ecosse ?
Une écharpe de tartan nouée sur le corsage
blanc. Pour que Bos soit Espagnole ? Une
mantille. Daunt, une spartiate ? Un casque.

Dans *Madame Butterfly*, Tréfilova revêt une
courte jupe en satin rose bordée de lamé (Pitoeff
fecit) et que relève le charmant tutu à l'italienne,
touffu, bouffant, crêmant ; le nœud de sa cein-
ture lui fait comme deux ailerons noirs qui
palpitent ; elle porte d'une main l'éventail et de
l'autre le parasol. D'où vient ce caractère exquis
de grâce narquoise qui nous délecte dans cette
promenade sur les pointes ? De quelques mouvements du poignet qui s'incurve délicatement,
de quelques déformations de temps classiques
que la danseuse fait dévier « en dedans ». Est-
ce là un chef-d'œuvre ? Plutôt un bibelot, mais
où se reflète un art souverain.

Dans le *Chant du Marchand hindou* de
Rimsky-Korsakoff, ce sont des réminiscences
égyptiennes, également transposées, qui four-
nissent à la danseuse cette sensation d'*étrangeté*, cette atmosphère de rêve où elle se com-

plaît. Dans le *Cygne de Tuonéla* du Finlandais Sibélius, c'est le « lamento » désolé de l'oiseau légendaire qui vibre en elle ; et alors ses yeux s'élargissent, tragiques, et ses bras, entravés de deux ailes noires, palpitent. Mais toujours la grande manière classique confère une noblesse inégalable aux sourires de la mousmé comme à l'agonie du cygne.

Une matinée mondaine est bien vite écoulée. Et pourtant j'ai encore bien des choses à dire sur la grande artiste, deux fois compatriote, qui incarne le génie de ma ville natale, Saint-Pétersbourg aux parapets de granit et aux îles verdoyantes, comme elle incarne celui de la danse russe classique.

J'aurais pu dire, et cela aurait été plus strictement exact : « De la danse française d'expression russe. »

M. Laurent Novikoff seconde la ballerine avec une vigueur toute virile qui nous repose des danseurs efféminés et minaudants. Il est — avec MM. Mordkine, Valinine, Joukoff, Smolzoff — l'un des cinq « as » de l'Opéra de Moscou.

Puissamment taillé, le torse un peu étroit par rapport aux jambes athlétiques, Novikoff montre cette superbe et pathétique fougue qui fait la beauté de certaines sculptures baroques. Il « enlève » la danseuse avec une aisance souriante ; et tout l'acharnement meurtrier d'une pianiste redoutable ne parvint pas à détruire la

farouche et pesante beauté de sa « danse albanaise ». Novikoff danse jambes nues ; croit-il
le spectacle de ses muscles saillants et de ses
veines gonflées décent ou agréable ? Le maillot
n'a pas été inventé pour rien.

C'est M. Ivan Clustine, dont la *Suite* de
Chopin se maintient si honorablement à l'Opéra,
qui régla les danses. Il sut manier avec beaucoup de sûreté et de sens plastique ce stradivarius qui lui était confié : Mme Tréfilova. Mais
pourquoi le maître élimine-t-il la « batterie » ?
La présentation d'une danseuse n'est pas complète sans l'entrechat. Et je n'aime pas du tout
ce qu'il fait faire à ces trois jeunes filles, ses
élèves : ce « duncanisme » primaire, doré sur
tranche et vide de sens.

Et maintenant il est grand temps que je
m'en aille à l'Opéra revoir ce ballet de *Thaïs*
qui semble fait exprès pour le talent pétulant,
pétillant, provocant de Mlle Anna Johnsson, la
protagoniste du jour.

19 FÉVRIER

DANSES DE Mlle SVIRSKAYA

Mlle Thamara Svirskaya, qui vient de donner
une soirée au Théâtre Montmartre, est une de
ces danseuses dont la vocation est déterminée
plutôt par une belle ardeur intellectuelle et une
curiosité musicale très vive que par le jaillisse-
ment spontané du rythme saltatoire. Elle n'est
pas de ces rares privilégiées dont l'inspiration
se traduit impérieusement en *images motrices*
et dont le *démon* — au sens socratique — de la
danse conduit les pas.

Ainsi Mlle Svirskaya taille son répertoire
dans une matière sonore, raffinée et aiguë ; elle
choisit comme prétexte à ses danses certains
de ces brefs épisodes écrits par les *Six* et accen-
tués avec une vivacité sautillante, elle invoque
l'ironie et le lyrisme de Prokofieff, le rythme
syncopé et fantaisiste du *step* interprété par
un Stravinsky. De plus, elle dispose, pour
s'exprimer, d'un instrument aux qualités les
plus nobles : ce corps qui est une chose d'art.
Les épaules un peu carrées, un peu hautes, le

torse svelte au thorax bombé, aux côtés com-
primés, aux hanches étroites, les jambes longues
aux linéaments fluides, font songer à une statue égyptienne de la haute époque ou encore à
ces admirables jeunes femmes américaines,
qui viennent sur nos tréteaux exécuter leurs
folles danses acrobatiques. Ses costumes sont
plaisants, sans luxe stupide, sans surcharges
décoratives ; légers, ils caressent l'épiderme et
colorent la chair ; quant au costume hindou, il
est merveilleux. Ses gestes imitatifs — jeux de
balle, gymnopédie — sont sagaces et d'une
jolie qualité plastique ; ils sont très directement
inspirés par Isadora. Seule la prière pantomime
avec signe de croix et agenouillement est un
petit mélo qui détonne fâcheusement chez une
artiste si intelligente. Eh bien, toutes ces
chances sont compromises, sinon anéanties,
par la pénurie des ressources chorégraphiques,
par les réticences du muscle non éduqué qui
fait Mlle Svirskaya danser faux quand elle
entend juste.

26 FÉVRIER

AFFAIRES COURANTES

Cependant que l'Opéra prépare une de ces
soirées de danse tant demandées, nous continuons à nous prêter de bonne grâce à la
corvée réglementaire, mais pourtant agréable
de *Faust* et de *Suite de danses*. Les spectacles
récents nous ont permis de nous documenter
plus amplement sur Mlle Camille Bos, sur sa
manière d'être et d'agir en scène, sans que notre
opinion première s'en trouve modifiée. Nous
avons de derechef relevé, notamment dans la suite
de Chopin, des réussites de tout point admirables, et témoignant d'une supériorité réelle.
Ainsi, dans le nocturne, les doubles tours sur
le cou-de-pied avec les bras relevés en couronne
sont-ils d'une aisance exquise, de même que
toutes les pirouettes et rotations; impeccables les
entrechats. Mais, régulière et élégante, Mlle Bos
est pour ainsi dire absente de l'action scénique,
cette action indéterminée, aux personnages
anonymes, qui en est à peine une, mais où
transparaissent l'adorable lyrisme et la sensua-

lité estompée de Chopin. Ce ne sont pas des
excès de cabotinage ou des surcharges mimiques que nous demandons à l'étoile, mais un
peu moins d'impersonnalité correcte et un peu
plus d'abandon. De ce « bal blanc » de Clustine, elle semble ne pas être l'hôtesse rayon-
nante et rougissante, mais une invitée de
marque qui ne saurait se départir d'une indifférence indulgente et d'une distinction très
mondaine. Que faut-il donc pour ployer cette
nuque, pour broyer l'armature rigide de ce
torse d'un galbe si pur, pour desserrer ces
lèvres, pour remplir ce regard d'extase ou de
langueur ?

Cette impulsion intérieure, ce délire lucide
et harmonieux qui est l'atmosphère même de
la danseuse *créatrice* comme Mlle Bos en
deviendra une, active l'allure même de la danse.
Ce qui manque encore à la jeune étoile, c'est
l'élan et, par suite, le parcours. Dans *Faust*,
j'ai vu un jour son « manège », ce vaste cercle,
cette « piste » décrite autour du plateau, se
rétrécir, se ratatiner, dévier vers le milieu.
C'est que l'attirance centripète a eu raison de
l'élan centrifuge, c'est que la volonté a cédé à
l'inertie !

Le succès de cette noble artiste a été,
samedi, très grand. Je m'en réjouis car il faut
aux plus vaillants l'encouragement des applaudissements, une ambiance de sympathie. Mais
en art il importe de se méfier de tout, même

d'un légitime et authentique succès. Voyez les sportsmen ; ayant établi un record, ils ne songent eux-mêmes qu'à le battre. Ce que fait Mlle Bos est véritablement très bien. J'en conclus qu'elle fera mieux.

C'est la « première équipe » du pas de trois (car il y en a deux qui alternent) qui accompagnait, sur le programme, l'étoile : Mlles de Craponne, Rousseau et Damazio. Si je réserve encore mon jugement sur cette dernière, trop peu observée, je confirme tout le bien que j'ai pu dire sur les deux premières ; quant à Mlle Rousseau, je suis assez enclin à renchérir encore sur mon éloge. Lancée en l'air par son danseur, elle « jette » en tournant avec une légèreté charmante ; et puis elle pique franchement de la pointe. On voit des doigts tendus un cou-de-pied forcé, une « verticalité » parfaite de la jambe d'appui, rien ne triche, rien ne biaise ; les pointes sont des pointes et non un vain simulacre.

A quelque place qu'elle paraisse, Mlle Lorcia la remplit bien. J'ai assisté récemment à un spectacle où, par les hasards du fameux tour de liste, Mlle Debry, qui est Phryné, dansait Cléopâtre et Lorcia qui est Cléopâtre, faisait Phryné. Eh bien, dans les déboulés de sa finale, Mlle Lorcia montra une si belle ardeur et une énergie si pathétique dans les tours que cette blafarde variation se colora subitement. Qu'elle surveille seulement les mouvements de ses bras dont la brusquerie côtoie le désordre et l'incohérence.

Enfin, la critique n'étant pas l'apanage des grands sujets classés et brevetés, je tiens à signaler ici le réel talent d'un soi-disant « petit sujet ». Nous déclarons préférer Mlle Lamballe à telles élues du concours de classement. Evidemment elle ne saurait, petite et assez forte comme elle l'est, se distinguer dans l'adage et ses arabesques renversées se présentent en des raccourcis exagérés. Et cependant Mlle Lamballe, qui danse avec une feinte nonchalance avec ce petit air d'une « qui ne s'en fait pas », possède un ballon admirable, saute et bat à ravir. Un maître de ballet inventif aurait su utiliser jusqu'à ces défauts, la diriger vers le burlesque et la fantaisie. Quoi qu'il en soit, nous prendrons la liberté grande de considérer, malgré le verdict du jury, cette élève de M. Aveline comme un « grand sujet » — et peut-être même comme l'un des meilleurs.

5 MARS

POUR LE BALLET FRANÇAIS

Ballets russes; ballets français. — Une variation de « Sylvia ». — « Fox-Péri ». — Juliette Péri.

L'Opéra vient d'inaugurer une série de spectacles de danse par la reprise de *Sylvia*. Ce choix est bon ; par lui l'effort moderne tend à se rattacher à la tradition française, la seule viable à l'Académie Nationale.

M. Emile Vuillermoz a énuméré avec une bonhomie malicieuse, en parlant d'une création récente, les emprunts faits par l'Opéra aux Russes. Le fait est patent ; il est de plus assez grave. Car si les Russes sont susceptibles de faire un ballet français sans faillir à leur nature, les Français ne sauraient faire un ballet russe sans se trahir et s'amoindrir.

Le Russe a le génie des métamorphoses. Il revit en de nombreux avatars. Dostoïevsky, un jour, a tiré la formule de cette universalité.

L'âme russe, polymorphe et fluide, s'incarne
sous d'innombrables espèces, s'adapte à tous
les moules. Elle est, cette âme, spontanée et
complexe, Fokine peut imaginer les *Danses
Polovtsiennes*, car le vent des steppes asiatiques
fouette son sang, Nijinsky a pu être le *Spectre
de la Rose*, car il fut nourri du plus pur suc de
la civilisation occidentale. En se dépouillant de
ses caractères ethniques, le Russe fait valoir
son humanité profonde et créatrice.

Ces caractères, le génie français les affirme
sans d'ailleurs s'y confiner. Il ne s'isole pas.
Mais l'apport étranger, il l'intègre, l'assimile,
le résorbe. Un Poussin fait de la peinture française avec des paysages d'Italie. Un Watteau
emprunte aux Flamands. Mais le maître de
Valenciennes n'en est pas moins la quintes-
sence d'une grande époque française. Molière
prenait son bien où il le trouvait. Mais il ne se
donnait pas. Il se mit à l'école de Tiberio Fio-
rillo, le fameux Scaramouche. Fût-ce pour
introduire en France la comédie improvisée à
l'italienne ? Plutôt pour doter son pays d'un
art comique qui est, depuis, le sien, représen-
tatif de son tempérament et saturé de son esprit.

Sans doute, l'art français, condamné à l'isolement, se serait étiolé. Il devait puiser au fonds
commun. Mais, dans le choix de ses nourritures
intellectuelles, un instinct vital infaillible l'a
guidé jusqu'ici.

Dans le domaine du théâtre, la formidable

révélation des saisons russes a secoué la torpeur qui avait envahi le ballet français. Disonsle : le prodige russe éclaira d'une lumière implacable le spectacle d'une complète déchéance.

Que restait-il dès lors à faire pour le danseur français ? Se camoufler en Russe ? Renchérir sur l'exotisme savoureux de *Shéhérazade* ou de *Petrouchka* ? J'en doute. Une telle mascarade aurait été stérile. On pourrait au besoin créer une surface qui bientôt s'effriterait. Pourquoi ? Mais parce que cette floraison touffue dépérirait une fois déracinée ; parce qu'il y a incompatibilité entre les caractères créateurs des deux races ; parce qu'il faut un retour sur soi-même pour reconstituer un art de danse français. Car si un glorieux exemple stimule l'émulation, l'imitation dégrade et tue.

Considérons l'apport des *Saisons russes* non dans l'immense talent de leurs réalisateurs, mais dans la conception dont ils s'inspirent. Nous constaterons que les Ballets Russes agissent sur nous par la déformation voulue, dans le sens burlesque ou dans le sens décoratif, des styles traditionnels. Ils valent par l'ironie ou par l'outrance, par la parodie aiguë ou par l'ivresse sensuelle de la couleur. Ils greffent des sensations inédites et frappantes sur des notions périmées. Les résultats sont prodigieux.

Mais il y a une autre mission à remplir. Ne plus *déformer* avec génie mais former, *créer* des formes. Exprimer avec clarté les choses essentielles de l'âme. Rechercher non l'outrance passionnée mais la nuance ténue. Ne point s'enivrer de couleur : construire. Traduire par le jeu aisé et exact des lignes son rythme intérieur. Récupérer l'expression complète et normale de l'esprit national dans son mode plastique et dynamique. Reconstituer une discipline. Se connaître, se restreindre. Puis créer, car la France ayant, dans l'histoire donné à la danse son expression suprême peut être appelée à en déterminer la renaissance. C'est là, du moins, l'opinion du Russe qui écrit ces lignes.

*
* *

Cependant l'on ne saurait restaurer en un tournemain une tradition méconnue, piétinée par le dilettantisme triomphant. La *Sylvia* de Mérante aura été un chef-d'œuvre de lyrisme élégant. La partition reste étonnamment vivante. Quant à la présentation actuelle du ballet de Delibes, elle apparaît assez blafarde ; nous la soupçonnons appauvrie, étriquée, erronée. La mise en scène, décors et costumes, semble revêtir d'un linceul poudreux cette chose pimpante et facile : la couleur morne et exsangue est celle d'un dessinateur : le faux rococo exquis de 1870 est remplacé par un pensum latin dicté par un maître d'école. Le style des danses est hybride ; le classique y est amoindri ;

le moderne timide ; en style culinaire, c'est un
chaufroid.

Dans cet ensemble un peu fade, un peu offi-
ciel, on trouve des pages admirables ; j'en signale
deux. C'est, dans le pas des chasseresses, cette
espèce de refrain plastique, répété par Mlle Zambelli sur une fanfare accompagnée d'un rou-
lement de timbales ; quelques sauts de chat,
brefs et fringants, suivis d'une pirouette. L'étoile
vire en faisant tournoyer son arc au-dessus de
la tête avec ce port de bras anguleux qui rend
le mouvement cinglant, farouche, ivre d'ardeur
guerrière. Puis, c'est la variation de Sylvia et
d'Aminta, étourdissant presto sauté, battu,
tourné dans une joyeuse et étincelante extase.
Ces séries d'entrechats, interpolées de sissones,
portent merveilleusement, exécutées *simultanément* comme elles le sont, par la ballerine et son
danseur ; puis ce parallélisme se brise ; chacun
recule vers l'extrémité d'une diagonale, y tourne
isolément ; enfin ces deux tourbillons humains
quittent leurs pôles respectifs ; le couple se
reforme, s'enlace, les bras s'entrecroisent, et
derechef un seul élan vertical enlève les deux
corps.

Je ne sais si ces pas sont faits par M. Staats,
qui a signé l'œuvre, ou sont calqués sur la version de Mérante. Si cette dernière supposition
est justifiée, le restaurateur a fait preuve d'un
éclectisme averti. Si la variation est de lui, il
s'est montré capable des plus grandes choses.

Parlerai-je encore une fois de Mlle Zambelli ?
Rare et précieuse nature s'exprimant complètement, parfaitement dans un beau langage
classique. M. Aveline est très à son aise, dans
le rôle du berger dans cette mythologie galante.
C'est un parfait cavalier du xviiiᵉ, Lauzun ou Fau-
blas, qui jette sa perruque et saisit une houlette
à la grille du petit Trianon.

*
* *

L'insuffisance chorégraphique de la *Péri* est
aussi évidente que son charme musical. Deux
thèmes alternant, luttant, se pénétrant, ont suffi
à M. Paul Dukas pour établir sa partition. De
même deux thèmes forment le fond de la pantomime de M. Staats : celui de la dévotion au
Lotus, symbole de vie éternelle et celui de la Péri
incarnant l'enchantement sensuel. Mais si chez
le musicien ce dialogue se revêt de toutes les
splendeurs de l'invention harmonique, s'amplifie par les timbres éclatants des instruments à
vent, le débit du maître de ballet apparaît monotone et mesquin. Iskender fait et recommence
le tour du plateau poursuivi par la Péri ou la
poursuivant ; on dirait presque deux envoûtés
du fox-trott parcourant méthodiquement le tremplin. La tentatrice exécute trois petits pas sur les
pointes ; puis une génuflexion, et elle recommence. Ce n'est pas le fox-trott, rectifie un
« académicien » du Claridge : vous avez décrit

une « scottish espagnole » — sauf les pointes.
Car nous ne faisons que de la demi-pointe...

Quel est donc, dans ce poème dansé, à peine
dansé, le sortilège qui bannit l'ennui et suscite
le rêve ? Le clair visage d'une toute jeune
fille ; sous la petite tiare de la Péri, cet ovale
allongé au menton volontaire, au nez droit
et aux longs yeux étroits. Cette idole précoce a
nom Mlle Juliette Bourgat ; selon la hiérarchie
chorégraphique, c'est là un « petit sujet » — mais
qui grandira. Sa technique est encore incomplète, le « dehors » insuffisant ; par contre, ses
pointes sont fermes, endurantes ; de plus et
surtout ses dons plastiques sont évidents et à
travers une candeur encore juvénile de l'expression tranparaît une personnalité naissante. On
annonce la *Khovanschtina* ; je ne sais si l'on
s'est déjà préoccupé de ces « danses des escla-
ves persanes » qui sont bercées par toutes les
langueurs orientales. Mais je vois très bien
Juliette Péri conduire, les bras entrelacés
derrière la nuque et le torse ployé, la ronde
languide des Persanes nostalgiques et pâmées.

7 MARS

SPECTACLE DE DANSE DE Mlle BROCINER

Vendredi, jour qui depuis un certain temps semble tout particulièrement propice à la danse, nous avons assisté à une matinée de danse donnée dans la presque intimité de la Comédie des Champs-Élysées ; une inconnue, Mlle Anna Brociner, y fit ses débuts. Son programme musical nous avait séduit mais surtout inquiété. Car bien souvent l'on nous gave de friandises sonores pour nous faire avaler des fadaises chorégraphiques ! Eh bien, ces appréhensions ont été vaines.

C'est une toute jeune fille que Mlle Brociner ; elle est roumaine ; cependant ses yeux en amande son nez mince et un peu busqué, ses sourcils finement fusinés sont autant de caractères de la beauté sémitique. Elle danse, dans un joli costume populaire aux tonalités atténuées, sur des airs polonais de Tansmann. Musique fluide, au rythme divers ; rien de ce martèlement obsédant et des carrures monotones propres au folklore dansé. Mélodïes qui naissent, s'exhalent et se meurent dans un imperceptible soupir. A cette ligne rythmique ténue, entrecoupée, ondoyante, Mlle Brociner adapte sa danse avec un sens musical très sûr. Sa danse, car effectivement elle *danse* : chose inédite, inouïe à ces Vendredis où toutes les impuissances viennent faire la roue devant les badauds. Dès les premières mesures, j'identifie la danseuse classique malgré la nudité des jambes chaussées de mules sans rubans, malgré l'absence des temps sur les pointes. Elle s'attache à s'interpréter les caractères rythmiques de Debussy ou de Bela Bartok, à cristalliser leur lyrisme en des formules plastiques. Non uniquement par le geste significatif mais surtout par le dynamisme vivant du mouvement. Ce mouvement est ample et désinvolte car la danseuse est tournée en dehors. Volontiers elle utilise, sans presque les transposer, des temps d'exercices à la barre, détirés ou grands battements ; et ces éléments de discipline scolaire servent de base à une imagination plastique naïve et subtile en même temps. Mlle Brociner n'a certes pas l'autorité d'une danseuse complète. L'envergure d'un rag-time de Stravinsky la dépasse, mais je retiens la *Puerta del vino* de Debussy ; *Le Printemps*, de Darius Milhaud, toutes les pièces du charmant Tansmann.

Cette jeune fille, et c'est là l'essentiel, pense par images plastiques et elle est outillée pour les réaliser. Sa forme est encore rudimentaire et son métier souvent hésitant. Qu'importe! Il faut que jeunesse se passe. Mais, dès à présent, sa place n'est pas parmi les incurables, clientèle ordinaire des Vendredis de danse.

19 MARS

LE CAS DES SAKHAROFF

Ce que je préfère chez les Sakharoff c'est décidément l'article de M. Emile Vuillermoz reproduit dans leur programme, car on ne saurait mieux dire. Ainsi le passage sur les danses du grand siècle, étonnant entre tous, nous montre le rythme et la configuration même du mouvement chez le danseur épousant la ligne musicale dans un parallélisme quasi absolu. Or, dans cette « prose dansée » du critique, les coupes et les modulations de la phrase traduisent le mouvement chorégraphique d'une manière si concrète que l'on croit *voir* la démarche élastique, le genou fléchi, les petits pas frappés et tendus d'Alexandre Sakharoff, toute cette promenade cérémonieuse et ironique. En se servant de certaines réalités, de quelques observations prises sur le vif, le grand critique créa la légende des Sakharoff, le type idéal du danseur-musicien. Cette magnifique fiction est, il me semble, de moitié dans la renommée des Sakharoff.

Ces derniers sentirent cependant le danger
dont les menaçait cette formule qui leur confé-
rait le titre de musiciens et ils cherchent à s'en
échapper en affirmant la priorité, dans leur art,
de l'invention et de la réalisation plastiques, en
s'attribuant de plus un entraînement gymnastique qui me semble, d'ailleurs, purement imaginaire. On les a dit traducteurs ; ils se voient
créateurs.

J'ai longuement cherché à définir cette espèce de malaise, cette résistance intérieure que
j'éprouve chaque fois qu'il s'agit de revoir les
Sakharoff. Leur art ressort à une culture intellectuelle et artistique peu commune, diverse,
complexe. Les éléments de style, les rappels et
les suggestions historiques sont utilisés avec
dextérité. Ils ont glané partout et se sont par-
fumés des plus rares aromes. Leurs nombreux
emprunts, ils les ont tranformés par l'ironie
ou le pittoresque. Leurs costumes comme
leurs danses sont pleins de petites choses cu-
rieuses, burlesques ou élégantes : la perruque
démesurée dans Couperin, la carrure du port
de bras renversé dans la *Danseuse de Del-
phes*.

Eh bien ! jamais devant ces morceaux savamment rapportés, devant cet agencement méti-
culeux, laborieux des détails, je n'ai la sensation d'une chose organique, complète, d'un
grand jet d'inspiration, d'un grand rythme intérieur extériorisé par le mouvement. Je n'ai

pas la sensation d'un style; — car qu'est le style
sinon la conformité de l'exécution. avec le geste
intérieur ? J'ai celle d'un travail obstiné et stérile de stylisation. Ces danses n'ont pas l'allure franche du grand art.; c'est là de l'art
appliqué, du fignolage et du plaquage. L'universalité même de leurs motifs déconcerte et
impatiente. Mme Clotilde Sakharoff se tire
fort bien d'une danse américaine ; elle projette sa jambe très haut dans le temps « classique » du chahut ; son costume est plaisant,
ses jeux de physionomie piquants et dis-
crets. Mais elle disparaît devant une Nina
Payne, voire une Marion Ford, qui s'expriment
dans le même langage de formes — mais qui
est leur langage spécifique. La *Valse romantique*, si. séduisante d'attitudes et de costumes,
mais si étriquée, si inconsistante dans son
exécution sans ampleur — car on ne valse
pas en scène sans sauter et glisser — peut
apparaître plausible si l'on n'a jamais vu valser
une Karsavina et un Nijinsky dans les *Sylphides*. Or, la technique des Sakharoff est une discipline purement fatice, ou plutôt feinte. Ils font
semblant de danser et ceci prête à la confusion.
Ils ne nous apportent aucune conception d'art
mais un choix varié de succédanés. Voici je
crois ce qui m'oppresse et m'irrite dans les tentatives de ces célèbres danseurs, que je tâche-
rai pourtant de revoir. Mais quelle fut ma
joie quand quelques instants plus tard, en sor-

tant du music-hall, je pus encore voir, sur le tremplin du Moulin-Rouge les Aragonais Gomez danser admirablement, royalement, la jota paysanne de leur village. J'ai ressenti un bonheur immense à ce bain de soleil. Je me délectais à cette forte nourriture qui redresse l'âme et l'entendement. Et j'en conçus une aversion presque insurmontable pour les soufflés à la vanille et les condiments sucrés dont je venais d'avoir une part bien servie.

Cette antithèse mérite d'être développée. Aussi j'y reviendrai. Mais il ne faut pas qu'on m'attende pour aller voir les Gomez.

2 AVRIL

POUR UNE DANSEUSE MORTE. —
ANNIVERSAIRE. — BILAN

Je n'avais jamais vu Dourga, la danseuse
hindoue, morte obscurément à 24 ans. J'ai à
peine entrevu quelques clichés conservés par
M. Robert Quinault qui dansa avec elle. Mais
il émanait, hélas ! de ces images une si surpre-
nante beauté que je n'aurais su les oublier et
qu'aujourd'hui la fatale nouvelle me touche
infiniment. Car la forme même de cet être rare
semblait d'essence spirituelle ; les linéaments
fluides et allongés de son corps de Péri parais-
saient autant de hiéroglyphes au sens caché
mais divin. J'ignore ce que fut son art ; les
photographies me font croire que Dourga se
plia docilement aux conceptions qu'avaient ses
maîtres occidentaux de la danse orientale. Mais
elle dépassait ces lourds pastiches et ces formules simplistes par le rayonnement merveilleux de son corps bronzé qui se revêtait dans
ses moindres mouvements de la noble gran-

deur des rites bouddhistes ou de cette délicate
volupté des paradis asiatiques.

Depuis une année, Dourga avait langui, at-
teinte d'un mal implacable, loin des fleuves
sacrés ; aujourd'hui elle n'est plus. Une ven-
geance mystérieuse semblait poursuivre cette
enfant d'une race antique qui s'était exilée parmi
nous. Elle avait été étonnamment pareille à une
de ces vignettes romantiques, visions que nos
peintres de 1830 avaient eues de la Bayadère.
Que pouvons-nous, nous qui ne l'avons pas
connue, trouver d'assez beau pour en orner sa
mémoire? Quels mots assez légers pour qu'ils
ne pèsent pas à cette ombre ailée?

Pour glorifier la jeune fille défunte, il faudrait
qu'un Rabindranath Tagore transposât en pur
sanscrit et selon le rythme des complaintes hin-
doues les *Stances à la Malibran*, ou les *Cyda-
lises* de Gérard.

*
* *

Or cette chronique, que le deuil de Dourga
est venu border de noir, porte une date qui est
pour moi émouvante et même un peu solen-
nelle. Car voilà juste une année que j'ai inauguré à *Comœdia* ma rubrique. Je m'y suis appliqué à définir les choses de la danse, à dire,
sans réserves, toute ma pensée. En agissant
ainsi, quel avait été mon espoir?

D'affranchir la danse de toutes les servitudes et d'en faire resplendir les vertus propres. De démasquer toutes les usurpations qui faisaient du danseur tantôt l'interprète blafard du rythme musical, tantôt un élément subalterne d'un ensemble décoratif, une touche colorée dans un tableau, le décalque d'une peinture de vase ou un mannequin pour costume historique. J'ai voulu affirmer hautement l'autonomie de la danse qui transforme et exalte le mouvement usuel et le rythme naturel du muscle selon une loi formelle et un sens plus pur. J'ai spécifié le caractère désintéressé de cet art qui n'est plus ni un mode de figuration ni un moyen d'expression psychologique et directe; car toute velléité sentimentale et toute bouffée sensuelle sont métamorphosées par la danse en symbole plastique, en formule dynamique, en geste rythmique. Le corps du danseur, aguerri par la discipline, adapté au langage abstrait des formes, décrit dans l'espace circonscrit de la scène des paraboles ou des spirales, de magnifiques et éphémères tracés ; puis, touchant terre, il équilibre ses volumes et ses linéaments selon les exigences de l'aplomb et une volonté consciente de construire.

Tout, dans le danseur, devient fonction de ce jeu divin des formes et des lignes, des droites et des courbes, de cette mélodie continue où un thème plastique s'enchaîne à un autre avec une fécondité inépuisable — ce qui fait que le pas d'une étoile est plus riche en variantes de composition et de mouvement, plus lourd de significations idéales qu'un musée de sculpture.

J'ai, de plus, constaté, en le confrontant avec toutes les méthodes en vigueur, que le système de danse classique correspond le plus profondément au caractère et aux aptitudes du danseur occidental. Non seulement la danse classique dispose du plus vaste répertoire de « formes motrices », mais elle comporte, pour le danseur, des possibilités que toutes les écoles lui refusent. Ces autres écoles réduisent toutes le mouvement des jambes à ces deux modes du déplacement de l'équilibre : la marche et la course. Grâce au principe des jambes tournées « en dehors », le classique est apte à exécuter non seulement d'innombrables variantes du saut et du mouvement giratoire, mais aussi à se déplacer latéralement ; observation de mécanique dont la portée esthétique n'échappera à personne. Par sa *complexité* et son *unité*, la danse classique dépasse les plus admirables styles de danse que nous connaissions : le ballet cambodgien et l'orchestique des anciens. Et si la pureté en est contaminée par toutes les négligences et tous les dilettantismes, elle n'en reste pas moins l'une des plus splendides conquêtes de l'art occidental.

Jeu souverain ou liturgie muette, la danse classique évoque à nos yeux les choses essentielles de l'âme, l'ivresse d'être et l'aspiration

à l'au-delà. Elle est donc de toutes les époques
et surtout de la nôtre, magnifiquement tendue
vers ces choses essentielles. Mais, beauté
suprême, la danse ayant pour instrument, le
corps dompté et transfiguré, le schéma idéal,
le théorème plastique se revêt en elle de chair
vibrante, de vie nerveuse, de couleur et de sourires.

Le ballet, en tant que genre théâtral, comporte à mes yeux bien des éléments caducs et
périssables. Il relie d'une manière factice deux
formes scéniques qui n'ont en commun que
leur *mutisme* : la pantomime expressive ou
figurative et la danse. Jamais ces deux modes
ne se fondent; dans les pas d'action les plus
serrés, les plus chargés de matière dramatique,
mimique et saltation *alternent* avec la plus
grande rapidité, s'enlacent étroitement mais
restent isolées : dualisme inéluctable, patent.
Seuls les *repos* des danseurs, les moments où
un équilibre stable est obtenu, leur permettent
l'effusion ou les violences du drame mimé. Le
mouvement saltatoire exclut toute velléité expressive ; s'il se laisse gagner par l'émotion
psychologique, il se déforme fatalement, sa
ligne dévie, son rythme se brise, il sombre
dans le concret.

Dans le ballet de Théophile Gautier, Giselle,
que le désespoir a rendue folle, reprend dans
son délire le « lændler » qu'elle avait dansé
avec son amoureux; chose lamentable et déchi-

rante que cette danse macabre, au rythme
déchiqueté, à l'allure hoquetante. La douleur a
brisé les ailes de l'étoile. Gisèle ne danse plus.
Elle va mourir.

Depuis l'arrivée des « Russes » de Diaghilew,
on a soumis le ballet à divers régimes réconfortants. Mais ni la cure par le pittoresque, ni
celle par le paroxysme sensuel, ni l'utilisation
de poèmes symphoniques, ni le greffe d'éléments vocaux sur l'élément visuel ne purent
atteindre le foyer du mal. On astreignit alors
la danse à reproduire les formes propres des
œuvres peintes ou sculptées ; on disposa le danseur en bas-relief égyptien ou en figure de vase
antique ; leurre et vanité. Ce n'est qu'en libérant la danse, en l'intronisant sur la scène, que
l'on résoudra le problème du spectacle chorégraphique. Plus de sujet traitant des conflits
dramatiques, plus de pastiches historiques ou
de tableaux de mœurs exotiques! Il faudrait des
ballets développant des thèmes dynamiques et
plastiques dont le retour de certaines formes
fondamentales assurerait l'unité et la cohésion, où l'étoile, « instrument concertant »,
trouverait dans les évolutions d'ensemble du
corps de ballet une base harmonique puissante ;
des ballets où les formes de la danse classique
retrouveraient, affranchies de toute contingence
concrète, la plénitude de leur signification.
Mais ces ballets uniquement dansés, seraient
froids et insipides ? Que non! Ils auraient sur

nous la même emprise, ébranlant jusqu'à la profondeur de notre âme, que l'élan vertical des clochers gothiques, l'ordonnance d'une colonnade antique, les masses et les ombres d'une cathédrale baroque, une fugue de Bach ou le chant d'un rossignol.

TABLE

www.ingramcontent.com/pod-product-compliance
Lightning Source LLC
LaVergne TN
LVHW021633060726
842527LV00003B/640